역사가 쉬워지는
답사여행

십대들을 위한 역사 속 인물 이야기

역사가 쉬워지는
답사여행

발행일	2022년 11월 22일 초판 1쇄 발행
지은이	이연민
발행인	방득일
편 집	박현주, 허현정, 한해원
디자인	강수경
마케팅	김지훈

발행처	맘에드림
주 소	서울시 도봉구 노해로 379 대성빌딩 902호
전 화	02-2269-0425
팩 스	02-2269-0426
e-mail	momdreampub@naver.com

ISBN 979-11-89404-76-5 44900
ISBN 979-11-89404-03-1 44080(세트)

십대들을 위한 역사 속 인물 이야기

역사가 쉬워지는
답사여행

이연민 지음

맘에 드림

길 따라 살아 있는
역사 속 인물을 만나다

    초등학교에서 만나는 아이들에게 좀 더 생생한 역사와 답사의 즐거움을 나누고 싶어 체험학습연구회 활동을 시작했습니다. 벌써 십여 년 전의 일입니다. 그동안 우리나라 문화유산을 찾아 전국 방방곡곡을 다니며, 많은 박물관을 돌아보았습니다. 직접 가보면 그 장소와 유물이 품고 있던 시간과 사람들의 이야기가 내게 말을 거는 것 같았습니다.

    그래서일까요? 선생이라는 직업을 업으로 삼으며 가장 보람된 일을 꼽으라면 아이들과 함께 우리나라 문화유산을 찾아 나섰던 일을 꼽고 싶습니다. 지금도 졸업한 아이들이 저를 찾아올 때면 그때 함께 걸으며 둘러본 역사 현장이 좋은 추억으로 기억된다고 이야기합니다.

    이 책에는 그때 아이들과 함께 걸었던 길 따라 만났던 살아 있는 역사가 고스란히 덤겨 있습니다. 아이들과 망국의 아픔을 공부하고 느껴보고자 덕수궁 돌담길을 따라 정동을 걸었고, 조선 후기 '진경 시대'를 공부하며 정조의 개혁 정치와 문화 발전을 배우기 위해 화성 수어장대를 오르기도 했습니다. 코로나19로 체험학습과 답사의 즐거움을 빼앗긴 시간을 보내다 보니 그 시절이 더욱 애틋하게 느껴집니다.

우리 역사에서 한번쯤은 생각해 볼 만한 인물과 장면 그리고 장소에 대한 글을 써보았습니다. 생생한 역사의 장소를 직접 찾아가 답사의 즐거움을 맛보는 것만큼은 아니겠지만 이 책을 통해 직접 만나고 싶은 생각이 조금이라도 들기를 바라는 마음입니다. 아무래도 전문 학자가 아니다 보니 앞서 연구했던 자료들을 참고하여 제가 직접 찾아가서 걸어보고 느낀 것을 풀어 쓰며, 이해를 돕고자 직접 찍은 사진을 담았습니다. 읽는 여러분이 좀 더 쉽게 이해했으면 하는 바람입니다.

1부에서는 '사랑을 찾아서'라는 주제로, 삼국 시대 최고의 로맨스 이야기 '서동과 선화 공주', 여인으로서 가족의 사랑으로 시대의 한계를 넘어선 '허난설헌', 망국의 아픔에서 아내이자 동지로서 함께 했던 '명성황후와 고종'에 대해 살펴보았습니다.

2부에서는 '우정의 법칙'을 주제로, 백성을 향한 뜨거운 군신의

우정을 나눈 '세종대왕과 장영실', 서른다섯 살의 나이 차가 있음에도 학문으로 우정을 나눈 '이황과 이이', 아주 어린 시절부터 한 스승 아래에서 함께 공부하며 그림과 시로 마음을 나눈 '정선과 이병연'을 다뤄 보았습니다.

3부에서는 이 시대의 가장 뜨거운 감자, '공정한 세상을 꿈꾸며'를 주제로 붕당을 떠나 세 명의 임금을 영의정으로 모신 '오리 이원익', 조선 후기 군사와 문화 강국을 꿈꾸며 신도시 화성을 건설한 '정조', 일제강점기 어린이를 위해 일생의 바쳤던 어린이들의 영원한 선생님 '방정환'의 삶을 짚어 보았습니다.

4부에서는 '진정한 나와의 만남'을 주제로, 고난의 삶에도 쓰러지지 않고 환갑에 관직에 올라 기로소까지 들어가는 명예를 얻은 '강세황', 비록 환쟁이라고 불릴지라도 자신의 길을 뚜벅뚜벅 걸었던 '김명국', 배려와 존중의 마음으로 낯선 조선인의 눈높이에 맞춰 신앙을 전하고자 했던 '성공회 이야기'를 썼습니다.

답사기는 아니지만 답사하였기에 쓸 수 있었던 책입니다. 글을 쓰다 종종 막힐 때면 오래된 카메라 하나 손에 들고 답사를 다녀오곤 했습니다. 발로 밟고 눈으로 보아야 다시 글을 쓸 수 있었습니다. 꼭지마다 있는 '걸으며 읽는 역사 이야기'를 읽으며 여러분도 답사를 떠날 마음이 생긴다면 얼마나 좋을까요?

　아마도 혼자였다면 이렇게 오랫동안 답사를 다니지 못했을 듯합니다. 체험학습연구회·(사)모아재의 김봉수 이사장님을 비롯한 연구회 선생님들이 함께하였기에 지금까지 쉬지 않고 답사를 다닐 수 있지 않았나 생각합니다. 이 자리를 빌려 감사의 인사를 전하고 싶습니다. 그리고 우리 반 아이들과, 답사를 위해 주말마다 밖으로 나가던 남편과 아빠를 이해해 주고 지지해 주었던 사랑하는 아내 이유진과 세상에 어느 보물보다도 소중한 저의 두 딸 수린이와 예린이에게도 고맙고 사랑한다고 말하고 싶습니다.

　교사로서 선행 연구가들의 자료를 검토하고 정리하여 쓰다 보니 미흡한 부분이 많습니다. 이 책을 읽으시는 여러분들께서 비판해 주신다면 다음엔 더 나은 글을 쓸 수 있지 않을까 생각합니다. 마지막으로 책 편집에 여러모로 신경 써 주신 맘에드림 출판사에 깊은 감사를 드립니다.

2022년 가을에,
이연민

차 례

작가의 말 · 004

홍릉 침전

Part 1
사랑을 찾아서

01 서동요 전설이 깃든 미륵사지 석탑　　　　　　　014
걸으며 읽는 역사 이야기_ 국립익산박물관에서 보아야 할 유물 BEST

02 조선의 여성 천재 시인, 허난설헌　　　　　　　030
걸으며 읽는 역사 이야기_ 허난설헌의 하나뿐인 동생, 허균은 어떻게 되었을까?

03 동지적 삶을 살다간 명성황후와 고종　　　　　　050
걸으며 읽는 역사 이야기_ 황제릉은 우리나라에도 있다!

도산서원

Part 2
우정의 법칙

01 세종과 장영실, 백성을 위한 '의로움'으로 함께하다   080

걸으며 읽는 역사 이야기_ 국립한글박물관 둘러보기

02 나이를 초월한 우정, 이황과 이이   104

걸으며 읽는 역사 이야기_ 도산서원 알아보기

03 지음지기 정선과 이병연, 그림과 시로 마음을 나누다   126

걸으며 읽는 역사 이야기_《장동팔경첩》을 따라, 정선을 따라

〈낙남헌방방도〉 중 일부

Part 3

공정한 세상을 꿈꾸며

01 혼돈의 시대, 공정함을 잊지 않은 이원익   152
걸으며 읽는 역사 이야기_ 충현박물관과 이원익 종택 둘러보기

02 정조의 화성 부흥기로 공정을 다시 생각하다   176
걸으며 읽는 역사 이야기_ 사도세자와 정조를 위한 사찰, 용주사

03 어린이의 영원한 동무, 방정환   196
걸으며 읽는 역사 이야기_ 천도교 중앙대교당 일대와 3 · 1운동 유적지

참고자료 · 280 | 사진제공 · 283

강화읍성당

Part 4

진정한 나와의 만남

01 시서화 삼절 강세황, 나이 환갑에 출사하다!　　220

걸으며 읽는 역사 이야기_ 지팡이 짚고 부안을 유람하다

02 술에 취해 붓을 휘둘렀으나 신필이라 불린 화가, 김명국　244

걸으며 읽는 역사 이야기_ 누가 나의 흩어진 혼을 불러주리오

03 조선의 근대 교회 건축을 통해 본 배려와 존중　　262

걸으며 읽는 역사 이야기_ 조화와 존중의 대한성공회 서울주교좌성당

홍릉 침전

Part 1

사랑을 찾아서

01 서동요 전설이 깃든 미륵사지 석탑

걸으며 읽는 역사 이야기_ 국립익산박물관에서 보아야 할 유물 BEST

02 조선의 여성 천재 시인, 허난설헌

걸으며 읽는 역사 이야기_ 허난설헌의 하나뿐인 동생, 허균은 어떻게 되었을까?

03 동지적 삶을 살다간 명성황후와 고종

걸으며 읽는 역사 이야기_ 황제릉은 우리나라에도 있다!

01 서동요 전설이 깃든 미륵사지 석탑

#사랑   🔍

이 석탑은 우리나라 석탑 가운데 가장 크고 오래됐어!

서탑과 동탑[1]만이 덩그러니 남아 있는 미륵사터

백제 최고의 로맨스, 서동요

여러분은 사랑 하면 어떤 노래가 떠오르나요? 저는 뮤지컬 《피터 팬》의 노래 중 하나인 〈Dream with me〉가 떠오릅니다. 이 노래 가사 중 당신 마음속에 나를 고이 간직하고 함께 꿈을 꾸면, 결코 하지 못했던 입맞춤도 할 거라는 부분은 정말 인상적입니다. 피터 팬을 돕는 웬디의 마음이 잘 드러나는 노래인데, 사랑하는 마음이 물씬 느껴지지요. 누구든 이토록 사랑을 받는다면, 아마도 자신이 가진 모든 것을 내던지지 않을까요?

수백 년 전 삼국 시대에도 이런 사랑 노래가 있었습니다. 바로 〈서동요〉지요. 〈서동요〉는 백제에 사는 서동이 신라에 사는 선화 공주를 얻기 위해 지은 노래였어요. 지금부터 신라 사람들이 부르던 노래 〈서동요〉를 알아보고,《삼국유사》에 실려 있는 이야기를 살펴볼까요?

어린 시절, 가난한 서동과 아름다운 선화 공주가 결혼한 이야기를 들어본 적 있나요? 그런데 이 이야기를 찬찬히 살펴보면 얼토당토않습니다. 왜냐고요? 주인공인 무왕의 아버지가 용왕이라고 하거든요. 우리가 알다시피, 사람은 사람에게서 태어날 수 있지 용에게서 태어날 수는 없잖아요. 그래도 《삼국유사》에 나온 이야기이니 조금만 더

---

1. 미륵사지 석탑(서탑과 동탑)의 재료는 석재이지만 목조건축 양식을 보여주고 있다. 1층 기둥 돌에는 배흘림(기둥 중간의 직경이 크고 위아래로 갈수록 줄어드는 모양) 표현도 보인다. 탄탄한 기단부에 각 층이 상승하면서 일정 비율로 작아지도록 만들어서 안정감이 느껴진다.

살펴볼게요. 신기하게도 이야기에 나오는 용화산(지금의 미륵산)에 가보면 연못이 메워진 곳에 3탑 3금당[2] 양식으로 만들어진 사찰이 있었던 터가 남아 있습니다. 어! 완전 거짓말은 아닌가 봅니다. 〈서동요〉는 어느 부분이 사실이고, 어느 부분이 이야기일까요?

사실관계를 따지기 위해 고려 시대에 김부식이 지은 《삼국사기》를 살펴보면, 백제의 30대 무왕은 법왕의 아들로 기록되어 있습니다. 하지만 왕자가 궁궐을 벗어나 태어나고 자랐다는 것은 선뜻 이해하기 어렵습니다. 게다가 백제의 왕궁이 아닌, 왕궁에서 멀리 떨어진 익산에서 자란 것이 조금 이상합니다. 사실 확인을 위해 더 위로 거슬러 가봅시다. 백제의 26대 성왕에게는 이름이 창(昌)과 계(季)라는 두 아들이 있었는데, 각각 연이어 왕위에 오릅니다. 바로 27대 위덕왕과 28대 혜왕입니다. 보통 왕위는 아들에게 물려주기 마련인데, 위덕왕이 죽자 동생이 왕위에 오른 겁니다.

그러면 위덕왕에게는 아들이 없었던 것이 아닐까 하고 생각해 볼 수도 있지만, 30세 전후로 '죽은 왕자'라고 기록된 아들과 '아좌'라는 아들이 있었습니다. 그런데 어쩐 일인지 위덕왕이 죽기 1년 전, 아좌는 일본에 사신으로 가게 됩니다. 그래서 혜왕이 왕위를 물려받습니다. 아무래도 권력 싸움에서 밀려난 아좌가 일본으로 가게 된 것이 아닐까 싶습니다.

하지만 왕위에 오른 혜왕은 2년 만에 죽습니다. 그 아들 29대 법

---

2. 부처님을 모신 전각으로 삼국 시대에는 일반적으로 1탑 1금당 양식이었다.

왕이 왕위를 잇지만 또다시 2년 만에 죽고 맙니다. 그러면 그다음 왕위는 누구에게로 가야 할까요? 가장 유력한 설은 법왕이 혜왕을 도와 아좌와 위덕왕을 몰아냈다는 설입니다. 이때 귀족들이 법왕에게 반기를 들었고 다시 위덕왕계로 돌아섰다는 겁니다.

만약 위덕왕의 '죽은 왕자'에게 아들이 있었다면 어떻게 될까요? '죽은 왕자'가 30세 전후로 사망했기에 아들이 있었을 수도 있습니다. 그래서 그 '죽은 왕자'의 아들인 서동은 권력 싸움으로 인해 왕궁이 아닌 멀리 익산에서 자란 것이고, '서동 이야기'처럼 출생의 비밀이 과부와 용 사이에서 태어났다는 이야기로 전해졌던 것이 아닐까 추측해 볼 수 있습니다. 그렇다면 '서동'을 무왕으로 볼 수 있는데요. 서동은 어떻게 왕위에 오를 수 있었을까요? 그렇다면 선화 공주도 실제로 있었던 인물일까요? 선화 공주에 대한 기록은《삼국유사》가 유일합니다. 그런데도 역사학계에서는〈서동요〉의 이야기처럼 선화 공주를 무왕의 왕비로 보는 것이 정설입니다. 그 근거는 바로 익산의 '미륵사지'에 있습니다.

여기서 잠깐!

서동요

무왕은 백제의 30대 왕으로, 어린 시절 이름은 '장(璋)'이었습니다. 무왕은 과부인 어머니와 부여의 남쪽 연못에 사는 용왕과의 사이에서 태어난 아이였습니다. 무왕은 왕이 되기 전에는 마를 캐서 생계를 이어 나갈 정도로 가난했습니다. 마을 사람들은 '마를 파는 아이'라는 뜻으로 '서동(薯

童)'이라고 불렀습니다.

건강하게 성장한 서동의 귀에, 신라 진평왕의 딸인 선화 공주가 매우 아름답다는 말이 들려왔습니다. 서동은 선화 공주를 만나기 위해 마를 짊어지고 신라로 갔습니다. 그곳에서 만난 아이들에게 마를 공짜로 나눠 주며 "선화 공주님은 남몰래 시집가서, 밤마다 몰래 서동과 만난대요."라는 노래를 따라 부르게 했습니다.

아이들의 노래는 빠르게 퍼져 진평왕의 귀에까지 들어갔습니다. 시집도 안 간 공주에게 말도 안 되는 노래가 붙었으니 진평왕은 크게 화가 났습니다. 진평왕은 선화 공주를 먼 곳으로 쫓아버렸습니다. 선화 공주는 억울했지만 어쩔 수 없었습니다. 왕비는 궁궐을 떠나는 선화 공주에게 황금 한 말을 주었습니다.

서동은 궁궐에서 나오는 선화 공주를 지켜보다 선화 공주 앞에 나타났습니다. 그리고 "내가 노래를 만들어 퍼뜨린 사람이오. 당신을 사랑하오."라고 고백했습니다. 선화 공주는 이런 서동이 싫지 않았나 봅니다. 둘은 백제로 가 혼인했으니까요. 선화 공주는 왕비에게 받은 황금을 내놓으며, 행복하게 살자고 말합니다. 그런데 서동은 선화 공주가 내놓은 황금을 보더니 뜻밖의 말을 합니다. "어려서부터 마를 캐던 곳에 이런 돌이 산처럼 많소."라는 겁니다. 선화 공주는 황금을 진평왕에게 보내자고 합니다. 서동은 용화산 사자사의 지명법사에게 금을 신라로 보내 달라고 부탁했고, 황금 덩어리를 받은 진평왕은 크게 기뻐하며 서동을 사위로 삼았습니다.

그 후 서동은 백제 사람들의 인정을 받아, 왕의 자리에 올랐습니다. 어느 날, 무왕과 선화 공주가 사자사에 가다가 용화산 아래의 큰 연못가에 이르게 되는데, 그곳에 미륵삼존이 나타납니다. 아무래도 보통 일이 아니라고 생각한 선화 공주는 무왕에게 이곳에 미륵사를 지어 달라고 말합니다. 그 후 진평왕은 목수를 보내 미륵사를 짓는 데 도움을 주었습니다.

미륵사는 신라의 황룡사에 버금가는 백제 시대 최고의 절이었습니다. 가운데 목탑을 중심으로 좌우에 석탑을 세웠고, 그 뒤에는 부처님을 모신 금당을 하나씩 두었습니다. 대부분의 백제 절이 1탑 1금당 양식인 데 반해 미륵사는 우리나라 유일의 3탑 3금당으로 독특하게 배치했습니다.

현재 미륵사지에는 일부 석물과 보수된 서탑 그리고 복원된 동탑이 남아 있습니다. 미륵사가 정확하게 언제 없어졌는지 알 수는 없지만 발굴된 건물 터와 유물로 보아 1600년대까지 유지되었던 것으로 추정합니다. 동탑은 1993년에 복원되었지만 고고학적 고증이 부족한 탓에 졸속 복원이라는 비판을 받고 있습니다.

국보 제11호인 서탑은 창건 시기를 알 수 있는 우리나라 석탑 중 가장 오래되었습니다. 기단의 폭이 약 12.5m이고 6층까지의 높이가 14.2m로, 우리나라 석탑 중 규모가 가장 큽니다. 실제 높이는 9층이었으니 지금보다도 훨씬 큽니다. 서탑은 일제 강점기 때 일부가 무너졌는데, 1915년 일본 사람들이 무너지지 않게 한답시고 시멘트로 덧씌워 보수합니다. 이 때문에 2000년대 서탑을 보수할 때 시멘트를 제거하면서 복원하느라 무진장 힘들었다고 합니다.

그런데 이때 서탑을 복원하면서 역사 속 이야기의 진실을 알 수 있는 단서가 나옵니다. 2009년에 '사리봉안기(舍利奉安記)'가 발견된 겁니다. '사리봉안기'는 말 그대로 사리를 탑에 넣으면서 써넣은

모형으로 복원한 미륵사터, 국립익산박물관 전시

글인데, 부처님에 관한 내용과 발원자(發源子)가 누구인지 그리고
바람은 어떤 것인지 기록되어 있습니다. 그런데 이 '사리봉안기' 속
의 발원[3]자로 선화 공주가 아닌 '사택적덕의 따님'이 등장하면서 서
동과 선화 공주 이야기에 물음표를 달게 됩니다.

> 우리 백제의 왕후께서는 좌평인 사택적덕의 따님으로서 지극히 오랜
> 세월에 걸쳐 선행을 하셔서 이번 생애에 뛰어난 열매를 맺으시고, 온
> 나라 백성을 두루 살피시어 불교의 참된 제자가 되셨기에 능히 재물을
> 기부하여 절을 세우시고, 기해년 정월 29일에 사리를 봉안하셨다.
>
> 〈사리봉안기〉 중에서

---

3. 부처에게 소원을 빎

백제의 왕후가 선화 공주가 아니라 '사택적덕의 따님'이라니! 이후 역사학계에서는 선화 공주가 실존했는지를 두고 팽팽하게 맞서고 있습니다. 선화 공주를 부정하는 견해를 먼저 보자면, 서동과 선화 공주의 이야기는 본래부터 그냥 이야기였을 뿐 전혀 사실이 아니라는 겁니다. 신라의 배신으로 27대 성왕이 관산성 전투[4]에서 죽은 후 백제와 신라는 철천지원수가 되었습니다. 무왕은 즉위 3년 만에 4만의 군사를 일으켜 신라를 공격하기도 했습니다. 상황이 이런데 선화 공주와 과연 결혼할 수 있었을까요? 말도 안 되는 이야기라는 겁니다. 게다가 사리봉안기에 결정적으로 무왕의 부인으로 사택적덕의 따님이 등장하는 것을 보면 선화 공주는 실존 인물이 아니었다는 거죠.

그런데 이에 대한 반론 역시 만만치 않습니다. 김부식이 지은 《삼국사기》의 〈제26권 백제본기 제4 성왕〉편을 보면 '성왕 31년 음력 10월에 왕녀가 신라로 시집갔다.'라는 기록이 나옵니다. 이때는 신라가 백제와의 나제 동맹[5]을 깨트리고, 백제의 신주(지금의 광주)를 빼앗은 직후이기 때문에 백제는 화가 오를 대로 올라 언제 터질지 모를 화약고 같은 시기였습니다. 그런데도 성왕은 진흥왕에게

---

4. 백제 성왕은 신라 진흥왕과 함께 한강 유역을 되찾기 위해 고구려를 공격했다. 그 결과 백제는 한강 하류 지역 6군을, 신라는 한강 상류 지역 10군을 점령했다. 그러나 신라의 진흥왕은 553년 백제가 차지한 한강 하류 지역을 빼앗았다. 이에 554년 백제 왕자 여창이 관산성을 공격하여 관산성 전투가 벌어졌다. 당시 관산성은 신라와 한강 하류 지역을 연결하는 군사적 요충지였다. 처음에는 대가야군과 연합한 백제가 우세했으나, 신라군의 급습으로 성왕이 죽자 관산성 전투는 신라의 승리로 끝났다.
5. 5세기 무렵 고구려의 남진에 맞서 신라와 백제 사이에 맺어진 동맹

왕녀(공주나 귀족)를 시집보냈다고 합니다.

고대 사회에서 결혼은 국가와 국가 간의 관계에서 하나의 전략이었다고 볼 수 있습니다. 그렇기에 무왕과 선화 공주의 결혼도 충분히 있을 수 있는 일이었다는 것이지요. 또 서탑의 '사리봉안기' 역시 미륵사지가 3탑 3금당 양식인 만큼 사택적덕 따님인 왕비가 미륵사 전부를 발원했다고 단정지을 수는 없다는 겁니다. 그래서 사리가 봉안된 639년, 발원은 서탑에 한정 지어야지 미륵사의 모든 것이 '사택적덕 따님'의 힘으로 이루어졌다고 보기는 어렵다는 이야기입니다. 게다가 이 시대는 일부다처제가 있었던 터라 한 번에 여러 명의 왕비를 둘 수 있었습니다. 또 왕후가 한 명이었다면 그냥 왕후라고 적었을 텐데, 사리봉안기에 콕 집어 '사택적덕의 따님'이라 적은 것으로 보아 왕후가 여럿일 가능성이 있습니다. 물론 이것만으론 선화 공주가 백제의 왕후였다는 증거가 될 수는 없습니다.

역사 속 사실과 진실한 사랑 노래

이쯤 되니 《삼국유사》 속 서동이 마를 캐서 살 정도로 가난한 아이였을 것이라는 이야기도 의심이 갑니다. 아마도 그렇지는 않았을 겁니다. 비록 권력 싸움에서 밀려 멀리 익산으로 내려와 있긴 했지만 왕족으로서 보살핌과 충분한 교육을 받고 자랐을 것이라는 합리적 추론을 할 수 있습니다. 법왕이 죽은 후 바로 익산 지역에 있던

왕궁리 5층 석탑   왕궁리 유적의 화장실 복원 모습

세력의 도움으로 무왕은 왕으로 즉위를 하고 익산을 기반으로 백제
를 다스립니다. 익산 왕궁리 유적[6]을 보면 익산이 어느 정도 수도와
같은 역할을 할 정도로 중요한 지역이었습니다.

　선화 공주의 존재도 따져볼까요?《삼국유사》에 따르면 무왕은
왕위에 오르기 전에 선화 공주와 결혼을 합니다. 신라 입장에서는
왕위에 오르기도 전에 공주를 백제 땅, 그것도 익산으로 시집을 보
내지는 않았을 것 같습니다. 그렇다면 신라의 선화 공주가 아니라
혹시 익산 지역 유력 가문의 선화 공주가 아닐까 하는 합리적 의심
이 듭니다. 익산에서 무왕과 백제 익산 출신의 선화 공주가 먼저 혼
인을 하고 미륵사지 발원을 합니다. 그리고 나중에 익산을 포함한
백제 경영의 주도권이 넘어가면서, 서탑에서는 사택 왕비의 발원문
이 나온 것은 아닐까요?

---

6. 무왕 대에 익산에서의 정치 정도를 알 수 있다. 왕궁리 5층 석탑과 왕궁의 터 정도만 남아 있
　는데, 그중에서도 1,400여 년 전의 수세식 화장실을 볼 수 있다. 화장실 유적에서는 익산 사
　람들의 식생활과 건강 상태를 알 수 있다.

또 하나의 의문이 드는 건, 왜 '서동 이야기'에는 익산의 공주가 아니라 신라의 공주로 등장할까요? 가장 설득력 있는 설명은 '서동 이야기'가 삼국이 신라로 통일된 이후에 지어졌다는 겁니다. 신라와 가까웠던 익산은, 무왕 대에 대신라 전투에서 가장 앞장서서 나섰던 곳이라 불안감이 높았으리라 생각해 볼 수 있습니다. 통일 후에도 반란이 일어나서, 신라가 직접 통치를 하게 된 지역입니다. 당시 익산 사람들은 불안했을 겁니다. 이 위기를 타개할 방책이 필요했을 겁니다. 그래서 친신라적인 '서동 이야기'를 만들어 신라에게 잘 보이고 싶지 않았을까 짐작됩니다.

안타깝게도 역사학계에서는 선화 공주의 실재에 대해서 의견들이 분분합니다. 하지만 두 사람의 사랑 이야기는 사실을 떠나 진실이지 않을까요? 백제 시대, 분명 모든 것을 주며 서로를 사랑한 이야기들이 있었을 테고, 그런 사랑들 중 하나인 〈서동요〉가 지금까지 전해진 게 아닐까요? 여러분은 어떤 사랑 노래 속 주인공이 되고 싶나요?

걸으며 읽는 역사 이야기

국립익산박물관에서 보아야 할 유물 BEST

국립익산박물관에는 아주 귀한 보물들이 있습니다. 그중 첫 번째로 살펴보아야 할 유물로는, 미륵사지 석탑의 서탑에서 나온 사리들입니다. 2009년 서탑을 복원하기 위해 해체하던 중 석탑 몸돌의 무게를 떠받치는 기능을 하는 심주석에서 사리가 들어 있는 사리공이 발견되었습니다. 사리공 안에는 금동제사리외호와 금제사리봉안기 그리고 다량의 아름다운 유리 구슬들이 들어 있었습니다. 금동제사리외호 안에는 금제사리내호와 유리 파편 그리고 12과의 사리가 들어 있었고, 금제사리내호 안에는 다시 유리병이 들어 있었습니다.

금동제사리외호와 금제사리내호는 크기만 다를 뿐 똑같은 모습

서탑 심주석 사리공 안에 있는 금동제사리외　금제사리봉안기, 국립익산박물관 소장
호(모형), 국립익산박물관 소장

금동제사리외호, 국립익산박물관 소장　　금제사리내호, 국립익산박물관 소장

으로 만들어졌습니다. 금동제사리외호의 크기는 13cm입니다. 보
주형 꼭지가 달린 뚜껑 그리고 가운데 부분에서 위아래 부분이 나
뉘면서 모두 3등분 될 수 있습니다. 연꽃무늬와 인동 넝쿨무늬가
기하학적이면서도 마치 어지러운 듯 새김기법으로 조각되어 있는
데 자세히 들여다보면 반복적인 규칙으로 새겨졌습니다. 백제의 아
름다움을 《삼국사기》에서는 '儉而不陋 華而不侈(검이불루 화이불

치)' 즉 '검소하나 누추하지 아니하고 화려하나 사치스럽지 아니하다'라고 정의하는데, 금동제사리외호에는 어울리지 않는 말입니다. 무늬의 세밀함과 화려함은 백제뿐 아니라 신라와 고구려를 통틀어 최고의 공예품 중 하나라 할 수 있습니다.

두 번째 유물은 미륵사지의 가운데 금당 북쪽 회랑에서 발견된 보물 제1753호 금동향로입니다. 백제의 향로 하면 성왕 때 만들어진 백제금동대향로를 최고로 여깁니다. 그에 비해 조금은 모양이 투박하다는 생각이 들기도 하지만 자세히 들여다보면 단순하

익산 미륵사지 금동향로,
국립익산박물관 소장

게 주조된 듯하면서도 구석구석에 아름다운 문양이 들어가 있습니다. 보물 제1753호 금동향로는 연잎 모양이 새겨진 둥근 형태의 뚜껑 손잡이를 포함한 상단부와 사자의 머리와 발톱 모양이 조각된 4개의 다리가 있는 하단부로 나눌 수 있습니다. 상단부에는 향로라는 기능을 위해 연기가 나오는 구멍 다섯 개가 있습니다. 하단부에는 다리 사이에 도깨비 얼굴 형태의 장식이 4개가 있고, 그 사이에 고리가 2개 달려 있습니다. 도깨비 얼굴과 관련해서는 용의 얼굴을 평면에 표현하다 보니 도깨비처럼 보이게 되었다는 주장도 있습니다. 도깨비 얼굴이라 조금은 무섭게 생긴 듯하지만, 가만히 보고 있으면 입가에 살짝 미소가 그려질 정도로 표정이 재미있습니다.

세 번째 유물은 제석사지[7]에서 발굴된 다양한 얼굴 모양의 유물과 동물 조각입니다. 우리나라 국보나 보물로 지정되진 않았지만 우리 조상들의 재치와 유머를 느낄 수 있습니다. 얼굴무늬 기와와 수막새는 나쁜 기운을 막기 위한 벽사의 의미로 건물이나 지붕에 올렸습니다. 표정이 어눌하고 괴기스럽기도 해 마냥 웃으면서 볼 수 없는 유물들이 있기도 하지만, 자세히 들여다보면 블랙 코미디

얼굴무늬 기와, 국립익산박물관 소장

얼굴무늬 수막새, 국립익산박물관 소장

소조 천부상[8], 국립익산박물관 소장

소조 승려상, 국립익산박물관 소장

---

7. 인간을 돌보는 하늘 신인데, 힌두교의 전쟁과 번개의 신인 인드라가 불교와 접목되며 만들어졌다. 제석사지는 왕궁리에서 동쪽으로 1.2km 정도 떨어진 곳에 있다.

다양한 동물 모양 조각상, 국립익산박물관 소장

를 보는 듯한 즐거움을 맛볼 수 있습니다. 혼자가 아닌 여럿이 박물관에 갔다면 '표정 따라 하기'를 해보라고 권하고 싶습니다. 혼자서는 많은 용기가 필요해서 어렵지만, 여럿이라면 그까짓 것!

미륵사지 석탑과 임실 용암리 사지에서 출토된 다양한 동물 조각상도 익살스럽습니다. 본뜬 말은 지신(地神)을 포함한 신에게 건물의 안녕과 풍요를 비는 동시에 벽사의 의미로 만들었습니다. 특히 본뜬 말 중 흙으로 만든 말은 나쁜 기운을 막는 의미가 있고, 철제 말과 청동 말은 자신을 지켜준다고 생각했습니다.

지금까지 설명한 유물 말고도 쌍릉에서 발굴된 무왕의 관과 왕궁리 유적지에서 발굴된 국보 제123호 금제사리상자 일체(금동제 불입상과 사리병), 도금은제 금강경판 등도 국립익산박물관의 자랑거리입니다.

---

8. 안내판에는 무왕과 선화 공주의 무덤으로 추정된다고 적혀 있다. 하지만 앞서 말했듯이 무왕과 '사택덕적 따님의 무덤'이라고 주장하는 학자들도 있다.

02 조선의 여성 천재 시인, 허난설헌

#형제애

허난설헌이 태어난 집이야.

허난설헌 생가

몇 해 전 큰 화제가 되었던 〈SKY 캐슬〉이란 드라마가 있습니다. 최고 시청률이 23.8퍼센트까지 나왔던 인기 드라마로, 자녀를 일류 대학에 보내는 것을 통해 명문가의 신분을 유지하려는 욕망을 그렸습니다. '리얼 코믹 풍자극'이라 했지만, 성적을 위해 살인까지 저지르는 섬뜩한 드라마이기도 했습니다.

드라마 속 부모는 "이게 다 너를 위한 사랑이야."라는 자기 합리화로 자녀가 대한민국 상위 0.1퍼센트가 되어 의대에 들어갈 수 있도록 온갖 방법을 동원합니다. 자녀 또한 부모의 사랑이 나를 위해 가장 좋은 것인 줄 알고, 3대째 의사 가문이라는 허상을 좇아갑니다. 그러다 드라마 속 가족은 살인 사건에 연루되게 되고, 그 일을 통해 자신들의 삶을 되돌아보게 됩니다. 드라마 속 이야기지만, 우리는 실제로 가족의 비뚤어진 사랑으로 자신을 잃어버린 사람들을 종종 만나곤 합니다. 가족은 세상 풍파 속에서 가장 든든한 울타리면서 버팀목이 되기도 하지만, 때로는 짐처럼, 때로는 억압처럼 느껴질 때도 있지요.

여기, 조선 시대 진실한 가족 사랑을 실천한 가족이 있습니다. 자녀와 형제의 삶을 응원하고 꿈을 이룰 수 있도록 앞에서 끌어주고 뒤에서 밀어준 아름다운 가족입니다. 바로 허난설헌으로 유명한 양천 허씨 집안입니다.

양천 허씨 5문장가라고 하면 초당 허엽과 그의 자녀인 허성, 허

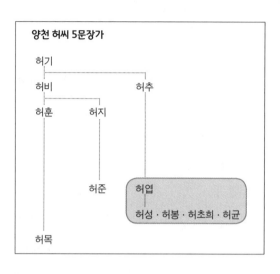

양천 허씨 5문장가

허기
허비 ─── 허추
허훈 ─── 허지

허준

허엽
허성 · 허봉 · 허초희 · 허균

허목

봉, 허균, 허초희를 말합니다.

조선 중기의 문신 허엽은 명종 때 관직에 올라 1580년 63세의 나이로 경상북도 상주에서 죽기 전까지 대사성, 동부승지, 경상도관찰사 등 여러 관직을 두루 걸친 인물입니다. 본관은 양천이고 호는 초당인데, 우리가 알고 있는 강릉시 초당동과 초당 두부는 허엽의 호에서 따온 겁니다. 허엽은 결혼을 두 번 했습니다. 첫 번째 부인 청주 한씨에게서는 아들 악록 허성과 두 딸(허씨로만 전해지고 있음)을 두었고, 두 번째 부인 강릉 김씨에게서는 아들 하곡 허봉과 교산 허균, 딸 난설헌 허초희를 두었습니다. 허엽은 1580년 여행을 다녀오던 중 경상북도 상주에서 죽었는데, 펴낸 책으로는 《초당집》과 《전언왕행록》이 있습니다.

첫째 아들 허성은 미암 유희춘에게서 학문을 배웠습니다. 1583년

문과에 급제하고 1590년 일본에 통신사의 종사관으로 다녀오는 등 벼슬이 이조판서까지 이르렀으며 선조의 유교(遺敎)[9]를 받을 만큼 임금의 총애를 받았습니다. 학문이 깊고 글씨도 뛰어나 주변 사람들에게 존경을 받았으며,《악록집》이라는 책을 쓰기도 했습니다.

둘째 아들 허봉 또한 미암 유희춘에게서 학문을 배웠는데 1572년 문과에 급제해서 벼슬을 시작했습니다. 1583년 창원부사로 있을 때 영의정 박순과 이이 등을 비판하는 상소를 올렸다가 오히려 역풍을 맞아 함경도 갑산으로 유배를 가게 됩니다. 3년 만에 영의정 노수신의 도움으로 유배에서 풀려나 벼슬을 다시 받기는 했으나, 벼슬에 뜻을 두지 않고 인천과 춘천 등지를 유람하다 서른여덟 살이라는 젊은 나이에 금강산 아래 금화에서 병들어 죽었습니다. 지은 책으로는 《하곡조천기》,《하곡집》,《이산잡술》 등이 있습니다.

막내아들인 교산 허균은 서애 유성룡에게서 학문을 배우고, 1594년 과거시험에서 급제하여 병조좌랑, 삼척부사, 호조참의 등 여러 벼슬을 두루 지냈습니다. 그러나 기생과 어울리고 불교를 믿는 등 여러 논란을 일으켜 파면되는 경우가 많았습니다. 광해군 때에는 선조의 계비인(임금이 다시 장가들어 맞은 아내) 인목왕후를 내쫓는 것에 앞장서기도 했는데, 1618년 '남대문괴서사건'에 연루되어 끔찍한 형벌을 받아 죽었습니다. 최초의 한글 소설로 알려진《홍길동전》과 문집《성소부부고》 등 여러 글을 남겼습니다.

---

9. 임금이나 부모가 죽을 때 남긴 명령(비슷한 말: 유언)

마지막 5문장가 중 1인은 허엽의 딸이자 다섯째 허초희입니다. 허초희는 1563년 강릉에서 허엽의 두 번째 부인인 강릉 김씨에게서 태어나는데 이름보다는 호인 난설헌으로 더 유명합니다. 아버지와 오빠인 허봉에게 학문을 배우고 당시 삼당시인(三唐詩人)으로 유명한 손곡 이달에게서 시를 배웠습니다. 허난설헌은 조선 중기 대표적인 시인 중 한 명으로 꼽히며 300여 수의 시를 남기고 스물일곱 살이라는 젊은 나이에 죽었습니다. 문집으로는 동생 허균이 펴낸 《난설헌집》이 전해지고 있습니다. 이런 허씨 집안에 대해서 허균은 《성소부부고》에서 대단한 자부심을 품고 말합니다.

> 우리 집안의 선대부(先大夫, 아버지)는 문장과 학문, 절행(節行, 절개가 굳은 행실)이 사림에 높이 평가되었으니 백형(伯兄, 큰형)은 경전과 역사 연구와 문장의 수준이 매우 높았다. 중형(仲兄, 작은형)은 박학하여 문장이 매우 높으니 예부터 지금까지 비길 사람이 드물다. 누이의 시는 더욱 맑고 뛰어나 개원(開元)과 대력(大曆)[10] 시기의 수준을 능가했고, 중국에 널리 전파되었으니 사대부들이 모두 추천하여 그의 시를 감상했다.

　허난설헌은 조선 시대 여자라는 엄청난 제약에도 불구하고, 수백여 편이 넘는 시를 지었으며 조선은 물론 중국에까지 널리 알려져 애송되었습니다.

---

10. 당나라 현종 712년에서 대종 779년까지의 태평성대의 시기

허난설헌, 가족 안에서 시를 품다

허균 · 허난설헌 기념관에 있는 〈광한전백옥루상량문〉. 한석봉이 쓴 글씨를 1605년 목판에 찍어 인쇄했다.

역시 천재는 떡잎부터 다릅니다. 여덟 살, 우리는 무엇을 했었을까요? 요즘 어린이들이라면 초등학교에 입학할 그 나이에 허난설헌은 글을 지었습니다. 총명해도 너무 총명했습니다. 《난설헌집》에는 여덟 살 때 지었다고 전해지는 〈광한전백옥루상량문〉[11]이라는 글이 실려 있습니다. 문장이 너무나도 아름다워 사는 곳뿐 아니라 주변 고을 사람들까지 몰려들어 너도나도 보여 달랐다고 합니다. 전체 글은 매우 길어서 일부분만 소개하도록 하겠습니다.

푸르고 붉은 꼬리를 드리우자 쌍무지개가 별자리의 강물을 들여 마시

---

11. 상량문은 집을 지을 때 대들보를 올리며 행하는 상량 의식에 쓰이는 글인데, 허난설헌은 신선 세계에 초대받았다고 상상하면서 이 글을 지었다.

고, 붉은 무지개가 머리를 들자 여섯 마리 자라가 봉래 섬을 머리에 이었다. 구슬 추녀는 햇빛에 빛나고, 붉은 누각이 아지랑이 속에 우뚝했다. 비단 창가에는 유성이 이어지고, 푸른 행랑을 구름 너머에 꾸몄다. 옥기와는 물고기 비늘같이 이어졌고, 구슬 계단은 기러기같이 줄을 지었다. 미련(微連)이 깃대를 받드니 월절(月節)이 자욱한 안개 속에 내리고, 부백(鳧伯)이 깃대를 세우자 난초 장막이 삼진(三辰)에 펼쳐졌다. 비단 창문의 수술을 황금 노끈으로 매듭짓고, 아로새긴 난간의 아름다운 누각을 구슬 그물로 보호하였다.

《광한전백옥루상량문》 중에서

여덟 살 어린아이가 이런 글을 썼다는 것이 믿어지지 않습니다. 이 글은 명나라까지도 전해졌는데, 명나라에서 출판된《궁사》라는 책에서는《광한전백옥루상량문》에 대하여 '하늘이 내린 재능이 아니라면 어떻게 지어낼 수 있겠는가?'라며 허난설헌의 문장의 뛰어남을 이야기하기도 했습니다.

이렇게 총명하고 재주가 남달랐던 허난설헌. 하지만 그가 살았던 16세기는 어땠을까요? 왕실에서도 공주나 옹주에게는 언문이라 얕잡아 보던 한글 정도만 가르쳤다고 합니다.《조선왕조실록》에 보면 신하들이 성종의 할머니인 정의왕후에게 성종이 나이가 어리니 수렴청정하기를 청하는데, "나는 문자(文字, 글자)를 알지 못해서 정사(政事, 나랏일)를 청단(聽斷, 듣고서 결정하다) 하기가 어려운데"라고 대답했다는 기록이 나옵니다. 허난설헌보다 조금 윗대의 이야기이긴 하지만 궁중의 중전과 대비도 글자를 몰랐다는 겁니다. 조선 시대 여성에게는 한글 정도만 가르쳤기 때문에 한자나 학문은 대부분 배울 기회가 없었답니다.

그렇다면 허난설헌은 어떻게 글을 배우고 글짓기도 할 수 있었을까요? 허난설헌의 아버지 허엽은 화담 서경덕에게 학문을 배웠는데, 서경덕의 가르침이 허난설헌까지 이어졌다고 할 수 있습니다. 서경덕은 우리에게 박연폭포, 황진이와 더불어 송도삼절(송도의 세 가지 유명한 것)로 친숙합니다. 서경덕의 학문과 사고는 매우 많이 열려 있었습니다. 그는 유교인 성리학뿐만 아니라 노장사상(도교)과 불교사상까지도 관심을 가지고 연구했으며 제자는 명문대가 출신뿐 아니라 서얼과 천민까지도 제자로 삼았다고 합니다. 제자들 가운데 우리에게 잘 알려진 인물로는《토정비결》을 지은 이지함,《동국지리지》를 지은 한백겸, 도술에 능했다는 전우치가 있습니다.

이런 연유에서인지 아버지인 허엽은 아들과 딸을 차별하지 않고 글을 배우도록 했습니다. 아버지와 오빠가 허난설헌의 훌륭한 스승이었지요. 허난설헌은 자유로운 집안 분위기 속에서 학문의 자유를 만끽하며 어린 시절을 보냅니다. 특히 작은오빠 허봉은 허난설헌이 시 쓰기에 재능이 있음을 일찍이 알고 명나라에 사신으로 다녀올 때 중국 시인들이 쓴 시집을 선물로 주기도 하고, 친한 벗이자 삼당시인 중 1인인 손곡 이달[12]을 글 선생으로 소개해 주기도 합니다. 사실 아무리 오빠의 친한 벗이라 하지만 사대부의 여인이 다른 집 남자에게서 글을 배운다는 것은 파격적인 일이 분명했습니다.

허난설헌 자신도 배우는 데 주저한다거나 세상의 이목을 따지는 여인은 아니었던 것 같습니다. 자신의 주관도 무척 뚜렷했던 것 같은데, 그런 성격을 짐작하게 하는 일화가 전해옵니다. 그 당시 혼례는 열다섯 살 전후로 하는데, 보통 집안끼리의 약속으로 신랑과 신부가 미리 만나는 일은 거의 없었습니다. 하지만 허난설헌은 김성립과 약혼할 때, 본인이 직접 보지 않고서는 시집을 가지 않겠다고 고집을 부렸다고 합니다. 다른 일에는 관대한 허엽도 이를 허락지 않았지요. 허엽이 허난설헌을 떼어놓고 삼십 리쯤(약 7.5km, 걸어서 두 시간 거리) 떨어져 있는 신랑 집에 가서 김성립을 만나고, 그 부친과 이야기를 나누려고 하는데, 웬 지팡이를 든 하인 하나가 들어와서 자기 옆에 서더랍니다. 허엽이 가만히 보니 허난설헌이 변복을 하고 쫓아왔던 것이지요.

허난설헌은 김성립이 마음에 들었는지 결국 혼인하게 됩니다. 하지만 영특한 허난설헌도 남자 보는 눈은 그리 밝지 못했나 봅니다. 가족의 사랑을 듬뿍 받고 자유롭게 자랐던 친정 분위기와는 달라도 너무 다른 시댁에서 허난설헌의 고생길이 시작됩니다. 남편 김성립

---

12. 이달(李達)은 당나라 품격의 시를 쓰던 최경창(崔慶昌), 백광훈(白光勳)과 더불어 삼당시인 (三唐詩人)이라고 불렀다. 이달은 학문이 뛰어났음에도 서자로 태어났기 때문에 관직에 나아갈 수 없었고 평생 혼자 살면서 많은 시를 남겼다. 저서로는 《손곡집》이 있다.

은 학문이 보잘것없어 과거시험에 번번이 떨어지기 일쑤였고, 시댁에서는 허난설헌이 시 쓰는 것을 몹시 싫어했다고 전해집니다.

누이의 서러움을 눈치채서였을까요?《성옹지소록》에서 허균은 매형이었던 김성립에 대해서 다음과 같이 글로 남깁니다.

> 나의 매부 김성립에게 경전·역사를 읽도록 하면 제대로 혀도 놀리지 못한다.

김성립은 허난설헌이 죽던 해인 1589년에 문과 중 가장 낮은 병과로 겨우 급제합니다. 이 사실을 미루어 보면, 허균의 평가가 마냥 박하다고만 할 수는 없을 것 같습니다. 허난설헌과 김성립은 부부 사이가 좋지 않았다고 합니다. 그나마 허난설헌이 사랑을 쏟아가며 살 수 있었던 힘은 딸과 아들이 있어서였는데, 돌림병으로 그만 딸을 잃고, 이듬해 아들도 잃고 맙니다. 연거푸 자식을 잃은 애달픈 마음이 오죽했을까요? 허난설헌은 서러운 마음과 아이들에 대한 애끓는 마음을 〈곡자〉[13]라는 시로 남겼습니다.

> 지난해 사랑하는 딸을 잃고, 올해는 사랑하는 아들 잃었소, 서럽고도 서러운 광릉 땅이여, 두 무덤 마주 보고 나란히 솟았구려, 백양나무 가지 위 바람은 쓸쓸히 불고, 도깨비 불빛만 무덤 위에 번뜩이네.

---

13. 장정룡,《허난설헌 평전》, 새문사, 2007.

배 속에는 어린애 들었지만, 어떻게 무사히 기를 수 있을까, 하염없이
황대사(黃臺詞, 자식 잃은 어머니의 애달픈 심정을 노래한 시)를 읊조
리다 보니 통곡과 피눈물로 목이 메이네.

마음의 병이 깊어서였을까요? 아이들을 잃고 얼마 지나지 않아 허
난설헌도 스물일곱의 젊은 나이로 죽고 맙니다. 남편 김성립도 그리
오래 살지는 못했습니다. 1592년 임진왜란 때 의병을 일으켜 왜군과
싸우던 중 죽었는데, 시체를 찾지 못해 어쩔 수 없이 평소에 입던 의복
으로 장례를 치렀다고 합니다. 그는 후에 이조참판으로 추증됩니다.
현재 허난설헌과 김성립은 경기 광주시 초월읍 안동 김씨 가족묘
에 안장되어 있습니다. 가장 먼저 보이는 것은 허난설헌과 두 자녀
의 묘이고, 그 위쪽으로 김성립과 두 번째 아내 남양 홍씨의 합장묘
가 있습니다. 죽어서도 남편과 같이 묻히지 못했지만, 오히려 사랑
하는 자녀들과 함께 있는 것이 외로움이 덜할 것 같기도 합니다.

허난설헌, 그 이름이 남겨진 연유

사실 허난설헌은 죽을 때 유언으로 자신이 지은 시를 모두 불태
우라고 했습니다. 마치 불교에서 죽고 나서 치르는 다비식과 같이

말이지요. 동생 허균은 이렇게 덧없이 누이의 빼어난 작품이 사라지는 것이 너무나 안타까웠던 것 같습니다. 그는 누이의 친정에 남았던 것과 그동안 베껴 놓았던 것, 암송하던 작품들을 모아 두었다 《난설헌집》을 펴냈습니다.

《난설헌집》이 유명해지는 과정에도 허균이 있습니다. 16세기 명나라는 무엇보다도 문(文)을 숭상하는 나라였습니다. 그래서 그런지 조선으로 사신이 올 때면 사신과 그들을 맞이하는 조선의 관리들이 서로 시를 지으며 문장 실력을 뽐내고는 했습니다. 그러다 보니 명나라에서는 최고의 학자들이 모인 한림원에서도 문장과 글씨에 능한 신하들을 사신으로 보냈고, 조선에서도 글깨나 쓴다는 관리들이 바짝 긴장하며 영접해야 했지요.

《조선왕조실록》 1601년(선조 34년) 11월 17일 기록을 보면, 명나라 사신이 온다는 말을 듣고 책임자 이정구는 본인 학문이 부족함을 염려하여 허균과 함께 사신을 맞이하고 싶다고 선조에게 고합니다. 《선조실록》 1606년(선조 39년) 1월 4일 기록에는 명나라 태자 생일을 기념하여 한림원 수찬인 주지번과 예과 좌급 시중인 양유년이 온다고 하자 긴급 대책 회의까지 열면서 사신을 맞을 준비를 하는 장면이 나옵니다. 이 두 번의 사신을 맞는 일에 허균이 종사관으로 참여하게 됩니다. 허균은 두 번 모두 사신들에게 우리나라의 옛 시들을 모아 선물로 주는 일을 합니다. 1606년엔 특별히 《난설헌집》을 주지번과 양유년에게 건네주는데, 그들이 조선에 왔을 때는 기일이 촉박하여 책을 주지 못하고 명나라로 사람을 시켜 보냈다고 합니다. 책을 받아 본 주지번과 양유년은 허난설헌의 시에 감동하여 《난설헌집》에 소인(小引)[14]과 제사(題辭)[15]를 쓰게 됩니다. 주지번은 소인에서 '허씨의 《난설헌집》을 보니, 또한 그 티끌밖에 나부껴 빼어나면서도 화사하지 않고 부드러우면서도 뼈대가 뚜렷하다.'라 썼고, 양유년은 '펴놓고서 외우니 슬프나 마음 상치 안 하고, 즐거우나 음란치 않은 소리는 옛 시가 다시 빛을 발하는 듯하고'라고 했습니다.

때마침 명나라에서는 여성 시에 대한 관심이 높아지고 여성 시집 출판도 덩달아 많이 되는 때여서, 《난설헌집》은 그야말로 명나라에서 빛을 발하게 됩니다. 사신을 대접하는 너무나 중요한 자리에서 누이의 시집을 어떻게서든 전해 주려고 했던 허균의 마음은 무엇이었을까요? 누이의 재능을 아끼고 사랑하는 마음이 아니었을까요? 허균의 노력이 아니었다면 《난설헌집》이 명나라에 전해지는 일은 없었고, 허난설헌이라는 이름도 이렇게 크게 남지 못했을 겁니다.

조선에서 《난설헌집》은 명나라에 보낸 것보다 조금 늦은 1608년에 출판됩니다. 이때 출판된 《난설헌집》을 보면 허균의 서문과 주지번의 소인, 양유년의 제사 그리고 유성룡의 발문도 같이 실려 있습니다. 류성룡의 발문은 1590년 《난설헌고》라는 책을 편집하면서 받아 놓았던 것이 있었는데, 임진왜란 때 잃어버려서 1605년 다시 받아 실었다고 합니다.

---

14. 책의 내용을 간단하게 소개하는 짧은 머리말
15. 중요 내용과 문체의 특징을 쓴 글

허균의 스승이었던 류성룡은 발문에서 '사물을 느끼고 생각을 일으키며, 시절을 근심하고 세속을 걱정함은 간혹 열사(烈士)[16]의 풍도가 있어 세상의 냄새는 조금도 풍기지 않는다.'라며 최고의 찬사를 보냅니다. 허난설헌은 살아서는 남편의 사랑과 시어머니의 인정을 받지 못했지만 죽어서는 명나라와 조선의 대학자들에 인정을 받으며 칭찬 일색의 평을 듣습니다.

허난설헌과 그의 가족을 다시 생각하다

여름 휴양지로 우리나라에서 제일로 꼽히는 강릉에는 경포호라는 호수가 있습니다. 이 호수는 바다와 바로 어우러져 옛날부터 관동팔경 중 하나로 꼽히곤 했습니다. 이렇게 아름다운 자연환경으로 둘러싸인 곳에 허씨 가문이 있었습니다. 아마도 이곳에서 문학적 감수성이 생기지 않았을까요?

좋은 스승을 만나 지식을 쌓고 재능 또한 뛰어났으나, 사회의 관습과 제약에 따라서 허난설헌을 보았더라면 어땠을까요? 그냥 총명한 딸, 지혜로운 누이 정도로 가족 안에서 머무르지 않았을까 싶습니다. 자녀에게 글을 가르치고, 재능을 펼칠 수 있도록 도와준 아버지와 오빠, 그리고 마지막으로 사랑하는 누나가 남긴 시를 묶어서 어떻게든

---

16. 절개가 굳은 사람

경포대 누각에서 바라본 경포호수. 호수 너머로는 바닷가가 보이는데 조선 시대에는 호수와 바닷가가 연결되어 있었다고 한다.

세상에 남기려고 한 동생 덕분에 우리는 허난설헌이라는 한 문장가를 잃지 않을 수 있었습니다. 허난설헌의 삶을 되새겨보노라면 27년이라는 짧은 삶과 '조선의 여성'이라는 한계를 넘지 못한 것에 가슴이 아프지만, 그래도 꿈을 마음껏 펼칠 수 있도록 허난설헌의 삶을 응원해 준 친정 가족들의 사랑이 새삼 부러워지기도 합니다.

드라마 〈SKY 캐슬〉 속 부모처럼 사랑이라는 이름으로 억지 꿈을 강요하는 부모들, 미래를 저당잡힌 채 자신이 원하는 것이 무엇인지도 모른 채 무작정 책상 앞에 앉아 엉덩이가 아프도록 공부하는 학생들이 넘쳐나는 시대입니다. 이 삭막한 시대에, 진짜 가족 사랑이 무엇인지 양천 허씨 가문과 허난설헌의 삶을 통해 곰곰이 생각해 보기를 바랍니다.

걸으며 읽는 역사 이야기

허난설헌의 하나뿐인 동생, 허균은 어떻게 되었을까?

경기도 용인시 처인구 원삼면 맹리 산61. 허균과 두 처의 합장묘가 있는 곳입니다. 묘비에는 허균과 첫 번째 부인 안동 김씨, 두 번째 부인 선산 김씨가 적혀 있지만, 허균의 시신은 없는 가묘랍니다. 허난설헌처럼 "재주가 펄펄 날리고 총명하기가 그 누구에도 비할 바가 아니었다."라고 칭찬받던 허균. 그런데 이렇게 시신조차 없이 가묘로 흔적이 남았다니, 도대체 무슨 일이 있었던 걸까요?

1612년, 허균과 친분이 있던 박응서를 비롯한 죽림칠현이 문경새재에서 상인을 죽이고 은 백 냥을 도둑질했다가 잡히는 사건이 일어납니다. 박응서를 비롯한 죽림칠현은 모두 서얼 출신으로 능력이 뛰어났음에도 불구하고 벼슬에 나아가지 못함을 억울해하던 이들

허균의 묘. 추운 겨울, 잔디가 하나도 없는 것이 쓸쓸해 보인다.

이었습니다.

이때 권력을 잡았던 이들은 바로 이이첨을 비롯한 대북파였습니다. 대북파는 이 사건을 선조의 적자였던 영창대군을 왕위로 올리려던 인목왕후의 아버지 김제남의 역모 사건으로 꾸밉니다. 결국 이이첨은 김제남을 사사하고, 영창대군을 강화도로 유배를 보내 거기서 죽게 만듭니다. 이때 허균에 대한 의심은 있었으나 죽림칠현이 허균과의 관련을 절대로 내비치지 않아 극적으로 살아남을 수 있었습니다. 이 사건을 일곱 명의 서자들이 벌였다 하여 '칠서지옥'

이라 부릅니다.

'칠서지옥' 사건 이후, 허균은 목숨을 보존하기 위해서인지 이이첨의 대북파와 뜻을 같이하며 적극적으로 활동합니다. 이후 광해군의 신임을 받으며 호조참의, 형조판서, 예조판서 등을 지냅니다. 1617년에는 인목대비를 폐하는 일에 이이첨과 더불어 가장 앞장서기도 합니다. 이때 인목대비 폐모에 반대한 소북파의 영수였던 영의정 기준헌이 결국 유배를 가게 됩니다. 그런데 기준헌의 아들인 예조좌랑 기준격은 자신의 아비가 유배 간 것이 허균 때문이라 생각하고 앙심을 품습니다. 그래서 역모의 주모자로 허균을 탄핵하는 상소를 1617년 12월에 올립니다. 기준격은 허균의 제자로 허균의 집에 자주 드나들었다고 합니다. 이후 허균과 기준격이 서로 상소를 올리며 자신의 주장을 내세웁니다. 사헌부와 사간원에서는 기준격과 허균에 모두 국문하기를 청하지만 허균에 대한 광해군의 신임이 두터워서인지 허균에 대한 국문은 이뤄지지 않습니다.

하지만 허균의 운명은 그리 오래가지 못합니다. 인목대비 처리 문제에 있어 이이첨과 허균의 의견이 갈리게 되면서 사이가 멀어지게 된 것이죠(둘 사이가 멀어진 이유로, 이이첨의 외손녀인 세자빈이 아들을 낳지 못하자 허균의 딸이 세자의 후궁으로 낙점되면서 이이첨이 불안해했다는 이야기도 있습니다). 이런저런 이유로 이이첨은 허균을 죽이기로 마음먹습니다. 때마침 1618년 8월 10일 허균의 심복이자 허균 외가 쪽 얼자[17]인 현응민이 남대문에 왕을 비방하는 내용의 흉서(凶書)를 붙였다가 잡히는 일이 발생합니다. 이 사건을 '남대문괴서사건'이라고 합니다.

이이첨은 이때를 놓치지 않습니다. 허균은 이 일로 기준격과 함께 8월 17일 의금부로 잡혀가게 됩니다. 하인준(허균의 조카), 이사성(허균의 사위), 추섬(허균의 첩) 등도 함께 잡힙니다. 압슬[18]과 같은 고문에 못 이겨 하인준은 허균이 흉서의 글을 지었다 하고, 김윤황은 허균의 지시로 화살에 흉서를 달아 경운궁에 쏘았다고 합니다. 추섬은 허균이 3년 전부터 역모를 꾸몄다고 거짓 자백을 합니다.

8월 24일에는 광해군이 직접 친국을 하게 되는데, 그 자리에서 현응민은 허균은 모르는 일이고 본인이 다했다고 합니다. 하지만 광해군 곁에 있던 이이첨과 박홍구와 같은 대신들은 이미 우경방과 김윤황 등이 모두 자백을 했으니 허균의 말은 들어볼 필요도 없고 빨리 형을 집행하라며 광해군을 압박합니다. 결국 허균과 현응민, 우경방, 김윤황은 저잣거리에서 죽고 머리는 효수[19]에 처해집니다.

《조선왕조실록》에는 허균이 죽었다는 말을 들은 기자헌이 '형신도 하지 않고 결안도 받지 않은 채 단지 공초만 받고 사형으로 나간

---

17. 양반과 천민 여성 사이에서 낳은 아들
18. 커다란 돌을 무릎 위에 올려놓는 고문
19. 죄인을 죽인 뒤 머리를 장대에 걸어놓는 것

죄인은 없다'며 훗날 이론(다른 말)이 있을 거라 했답니다. 기자헌의 말처럼 허균의 죽음과 삶에 대해 지금도 여러 평가들이 있습니다. 불교와 도교 같은 이단을 좋아하며 인륜 도덕을 어지럽히는 인물이었다는 부정적인 평가도 있지만, 다양한 사상과 문화를 포용할 줄 알았으며 핍박받고 소외되는 백성들을 안타까워하는 참 선비였다는 긍정적인 평가도 있습니다. 허균이 잡혀갈 때 의금부 도사는 인정을 베풀어 칼과 수갑을 풀어주기도 했고, 원종이라는 인물은 옥문을 깨뜨리고 허균을 구하려고 했으며, 박충남은 허균이 효수되었을 때 머리를 가져가려고 그 자리를 지키던 군졸과 싸우기도 했답니다. '칠서지옥' 때도 그랬지만 허균을 지키려 했던 사람들이 많았습니다.

《홍길동전》, 국립중앙박물관 소장

'역사란 승자의 기록이다.'란 말이 있습니다. 그래서 《조선왕조실록》 기록만으로 허균을 평가할 수 없는 것 같습니다만, 그가 《홍길동전》만으로도 역사에 강한 발자취를 남긴 것만은 분명한 것 같습니다.

03 동지적 삶을 살다간 명성황후와 고종

#동지   Q

명성황후가 태어나서
여덟 살까지 살던 집이야.

명성황후 생가

조선의 마지막 국모, 명성황후

1995년 초연이 된 이래 27여 년 동안 21회를 공연한 〈명성황후〉라는 창작 뮤지컬이 있습니다. 물론 뮤지컬이 아닌 소설, 드라마, 영화 등 명성황후가 등장하는 작품은 수도 없이 많습니다. 여러 장르와 많은 작품 속의 명성황후는 비슷한 듯하면서도 다른 여러 모습을 보이며, 여전히 국민의 사랑을 받고 있습니다.

그런데 곰곰이 생각해 보면 역사 속 왕비는 대게 왕의 조연일 수밖에 없었습니다. 하지만 명성황후를 다룬 작품에서는 대체로 고종이 조연으로 등장합니다. 명성황후와 고종은 어떤 삶을 살았기에 이렇게나 많은 관심을 받으며 여러 작품을 통해 소개되고 있을까요? 부부이자 동지로서 우정 어린 삶을 살았던 명성황후와 고종을 통해 조선 근대화의 아픈 역사를 되짚어보도록 하겠습니다.

명성황후와 고종이 누구인지 알기 위해서는 그 가계를 훑어보는 것부터 시작해야 정확하다고 할 수 있습니다. 명성황후는 여흥 민씨로 1851년 민치록과 한산 이씨 사이에서 태어났습니다. 한 나라의 황후였지만 정확한 이름은 알 수 없고 다만 어릴 적 이름이 '자영(玆暎)'으로 전해지고 있습니다. '민씨' 하면 생각나는 다른 왕비가 있나요? 태종의 부인인 원경왕후도 여흥 민씨입니다. 그리고 명성황후만큼이나 각종 드라마와 영화에 많이 출연한 숙종의 두 번째 부인 인현왕후도 여흥 민씨입니다. 명성황후는 왕후를 두 명이나 배출한, 아니 명성황후까지 세 명이나 배출한 여흥 민씨 집안에서 태어났습니다. 한산 이씨와 민치록 사이에는 명성황후 말고도 1남 3녀가 있었지만 모두 어릴 적에 죽었습니다. 명성황후는 형제들 없이 외롭게 홀로 자랐는데, 엎친 데 덮친 격으로 민치록 또한 명성황후가 아홉 살이 되던 해인 1858년에 죽습니다. 명성황후 집안은 후사를 잇기 위해 먼 친척이 되는 민치구의 아들 민승호를 양자로 들입니다. 이 일은 명성황후가 왕비로서 간택이 되는 데 큰 영향을 미칩니다. 훗날 흥선 대원군은 안동 김씨[20]와 왕비 간택과 관련하여 약속이 있었지만 이를 깨고 여흥 민씨 집안의 명성황후와 혼인을 시키면서 외척이었던 안동 김씨에게서 권력을 빼앗아 오거든요.

민치구는 고종에게는 외증조할아버지가 됩니다. 앞서 말한 대로 여흥 민씨는 왕족과 깊은 혈연으로 맺어져 있습니다. 흥선 대원군의 아버지 남연군은 여흥 민씨 민정중의(인현황후의 큰아버지) 4대손 민경혁의 딸과 결혼을 하고, 아들 흥선 대원군 또한 여흥부대부인 민씨와 결혼을 합니다. 그리고 고종도 여흥 민씨 명성황후와 결혼을 하니, 할아버지 남연군, 아버지 흥선 대원군, 고종 3대가 모두 여흥 민씨와 결혼을 하게 된 것입니다. 3대가 같은 집안의 여성들과 결혼을 하다니, 조금 이상한 것 같나요? 여흥 민씨 집안이 비록 명성황후 대에는 정치적 권력이 크지 않았지만, 안동 김씨 못지 않은 조선의 유력 가문이었습니다. 명성황후의 5대조 할머니인 인현왕후, 그 인현왕후의 아버지인 민유중은 송시열 등과 서인 정권

---

20. 안동 김씨는 영조의 왕비인 정순왕후를 비롯하여 순조와 철종의 왕비 또한 배출하면서 조선 후기 왕실의 외척으로서 세도정치의 중심이었던 가문이다.

을 주도합니다. 자연스럽게 그 아들들 또한 권력의 중심에 서게 되는데, 명성황후 6대조인 민유중과 5대조 민진후, 민진원은 각각 효종, 경종, 영조의 충신으로 종묘에 있는 공신전에 모셔질 정도였습니다. 대단히 명예로운 일이기도 하고 후손들에겐 문음(門蔭)[21]이라는 특권으로 과거를 통하지 않고도 관리가 될 수 있었으니, 엄청난 가문이었다고 할 수 있습니다.

그럼 이번에는 고종은 어떤 인물인지 알아볼까요? 고종의 할아버지인 남연군은 후사 없이 죽은 은신군의 양자가 됩니다. 그러면서 고종의 집안은 사도세자의 후손으로서 왕위 다툼에 있어 가장 가까운 친족이 됩니다. 이후 1863년 철종이 후사 없이 승하하자 흥선 대원군과 신정왕후간의 물밑 접촉을 통해 흥선 대원군의 둘째 아들 이재황(훗날 고종)을 효명세자의 양자로 들입니다. 고종은 열한 살의 어린 나이로 효명세자의 양자가 되어 왕위를 물려받게 됩니다.

이렇듯 명성황후와 고종은 조선말 안동 김씨의 세도정치라는 시대적 상황과 여러 가지 숱한 우연이 맞물리면서 혼인을 하게 됩니다.

근대화의 문 앞, 문을 닫는 왕조

고종과 명성황후가 살았던 조선 말은 19세기로, 유럽과 일본의 제

---

21. 고려 · 조선 시대에 국가에 큰 공훈이 있는 자들을 대우하기 위해 그들의 친족이나 후손을 관직에 임명했던 제도이다.

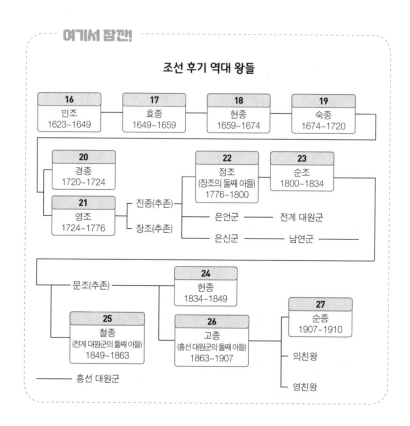

여기서 잠깐!

조선 후기 역대 왕들

국주의적 욕망이 꿈틀대던 시기였습니다. 아시아와 아프리카의 힘없는 나라들이 속절없이 식민지로 전락했습니다. 아시아에서 가장 강력한 나라였던 청나라도 잇따른 영국과의 전쟁에서 힘 한번 써보지도 못하고 패하면서 홍콩을 영국에게 100년 동안 빼앗기는 치욕을 맛보았으며, 이후 1894년 청일전쟁[22]에서도 일본에 패하면서 조선에 대

---

22. 청과 일본이 조선 땅에서 겨뤘던 전쟁

한 우위를 상실했을 뿐 아니라 요동 반도를 일본에 빼앗기는 등 황제국으로서의 면모를 잃습니다.

세계열강의 식민지 정책을 조선 또한 피해갈 수 없었습니다. 1866년 홍선 대원군의 병인박해를 구실로 프랑스 함대가 강화도를 점령하고 통상을 요구하기도 했으며, 1868년엔 독일인 상인 오페르트가 통상을 요구하다 거절되자 남연군의 묘를 도굴하려고 시도하기도 합니다. 1871년 제너럴셔먼호 사건[23]을 이유로 미국이 강화도의 광성보를 함락하고 역시나 통상을 요구하는 일이 벌어지기도 합니다. 홍선 대원군은 전국에 걸쳐 척화비(영주 척화비 사진)를 세우는 등 통상거부정책을 유지합니다. 하지만 결국 1876년(고종 13년) 조일수호조규[24]를 시작으로 외국과의 통상조약을 체결하기 시작합니다.[25]

어린 고종은 이런 어려운 시기에 즉위하게 되니, 즉위 초기에는 직접 정치를 하지 못하고 신정왕후가 수렴청정을 하게 됩니다. 이때, 신정왕후는 홍선 대원군을 정치적 파트너로 삼아 국정을 운영합니다. 안동 김씨의 세도정치 가운데 왕실의 권력 강화를 위해서

---

23. 1866년(고종 3년) 7월 미국 상선 제너럴셔먼호가 조선에 통상을 요구하다가 대동강에서 불에 탄 사건
24. 흔히 강화도조약으로 불린다. 일본은 자신들이 일으킨 운요호 사건을 핑계로 조선과 통상조약을 맺게 된다.
25. 당시 우리나라는 1882년 미국과 조미수호통상조약, 1884년 이탈리아와 조이조약, 러시아와 조로조약 등 서양의 여러 나라들과 통상조약을 맺었다. 이로써 조선은 국제 사회에서 자주국으로서의 지위를 인정받을 수 있었다. 그러나 자유통상을 이루기는 하였으나 크게 이익을 본 나라는 청나라와 일본이었다.

그랬을 수밖에 없었을 겁니다. 신정왕후는 1866년까지 흥선 대원군과 함께 국정을 운영하는데, 이후에는 흥선 대원군에게 모든 권력이 넘어가게 됩니다. 전권을 휘두르게 된 흥선 대원군은 집권 초기에 남인과 북인계 사람들을 중용하고, 양반에게 세금 부과, 세금제도 개혁, 서원 철폐 등 개혁적인 정책을 실행하기도 합니다. 하지만 경복궁 중건과 천주교 탄압, 개혁의 실패와 국왕과 상의 없는 국정 운영은 최익현[26]과 같은 유학자들의 반발을 사기도 합니다. 대체로 어린 왕이 즉위하면 20세 이전까지 수렴청정을 끝내는 것이 보통이었지만, 흥선 대원군은 고종이 스물두 살이 되었음에도 정치 권력을 놓지 않고 권력을 휘둘렀습니다.

결국 고종은 1873년(고종 10년) 12월, 친정을 선포하며 흥선 대원군의 권력을 강제로 뺏습니다. 이때 고종이 흥선 대원군에게 권력을 되찾아오는 과정에서 명성황후의 역할이 어떠했는지에 대해서는 정확한 기록은 남아 있지 않습니다. 다만 황현의《매천야록》과 박은식의《한국통사》에서 다소 부정적으로 서술하고 있는 것을 확인할 수 있습니다. 황현은 '방자하여 고종을 제재시키는 여인'으로, '황후를 비롯한 민씨 세력의 국정농단이 국망(國亡, 나라가 망함)의 길을 채촉하였다.'라며 말입니다. 실제로 명성황후가 그런 여인인지 또 그런 행동을 했는지 알 수는 없으나, 그 당시 사람들의

---

26. 최익현은 경기 포천 출신으로 호는 면암이다. 이항로의 제자로 1855년(철종 6년) 처음으로 관직에 나갔으며 1873년 고종에게 〈계유상소〉를 올림으로써 흥선 대원군의 권력을 빼앗는 데 큰 역할을 담당했다.

잣대로 아버지에게 불효한 아들에 대한 책망을 명성황후에게 전가한 것은 아니었을까요?

홍선 대원군 사이에 본격적인 권력 싸움[27]이 시작된 이후부터 조선 후기 역사의 큰 소용돌이 속에서 고종과 명성황후는 부부이면서 동시에 뜻을 같이하는 동지로서 살지 않았나 싶습니다.

경복궁 속 명성황후의 흔적, 건청궁[28]

경복궁에 가면, 정문인 광화문에서 가장 안쪽으로 '건청궁'이 있습니다. 건청궁은 고종이 명성황후와 편하게 지내기 위해 지은, 한옥 형태의 건물입니다. 물론 우리나라 궁궐에는 한옥을 만들어 놓고 민간의 자유로움과 여유로움을 즐겼던 공간들이 더러 있습니다. 창덕궁의 장락궁과 낙선재처럼 말입니다. 하지만 '건청궁'은 왕과 왕비의 쉼을 위한 공간은 아니었습니다. 건청궁은 1873년(고종 10년) 고종이 주도해서 왕의 사비인 내탕금[29]으로 관료들과 홍선 대원군 몰래 지었다고 합니다.

후에 홍선 대원군이 건청궁 짓는 걸 알게 되어 반대도 했지만, 고

---

27. 민승호(명성황후 남동생) 암살 사건, 이재선(홍선 대원군 서자) 추대 사건, 임오군란과 홍선 대원군의 재집권 그리고 실권, 이준용(홍선 대원군의 손자) 옹립 기도 등이 있다.
28. 1909년 일본에 의해 철거된 후 조선총독부미술관이 지어졌으나, 2007년 건청궁으로 다시 복원되었다.
29. 조선 시대, 내탕고에 넣어 두고 임금이 개인적으로 쓰던 돈

건청궁의 정문

종은 자기 뜻을 굽히지 않고 완공을 했다고 합니다. 아마도 건청궁
의 건립은 고종의 정치적 자립에 대한 의지의 표현이지 싶습니다.
이 건청궁을 고종과 명성황후는 1895년 을미사변이 있기까지 거
처로 사용합니다. 경복궁에 본래 왕의 침전인 강녕전과 왕비의 침
전인 교태전이 있음에도 말입니다. 창덕궁에서 거처했을 당시인
1882년(임오군란이 일어나던 해) 궁궐로 들이닥친 병졸들에 의해
명성황후가 죽을 뻔하기도 했는데, 이후 경복궁으로 이어하게 되면
서 건청궁을 거처로 삼았을 겁니다. 아마 궁궐의 가장 안쪽으로 거
처를 정해야 안전이 보장된다고 생각했을지도 모릅니다.

　1894년에는 일본군에 의해 경복궁이 점거되는 사건[30]이 벌어지

기도 합니다. 1894년 6월 조선의 내정개혁이라는 명분 아래 조선의 궁궐을 침범한 사건입니다. 일본군이 경복궁의 영추문과 건춘문을 통해 진입했는데, 이때 고종은 함화당에 순종과 명성황후와 함께 있었습니다. 고종은 순종과 명성황후만이라도 살리기 위해 건청궁으로 피신을 시키는데, 두 사람은 곧 되돌아옵니다.

> 갑오년(1894년)에 외국 군사가 대궐에 들어오므로 짐이 황후와 태자에게 건청궁으로 피신할 것을 권고하였는데 조금 있다가, 함화당에 돌아와 말하기를, "한 궁궐 안에서 가면 어디로 가겠습니까? 차라리 여기 있으면서 여러 사람의 심정을 안정시키겠습니다. 그리고 지금 칼자루를 잃어서 이미 역적의 머리를 베지 못할 바에야 우선 포용해서 그 흉악한 칼날을 늦추어 놓는 것이 낫습니다."라고 하였다.
>
> 《고종실록》 36권, 고종 34년 11월 22일(1897년)

일본은 고종과 명성왕후를 사로잡고 갑오개혁[31] 및 김홍집 내각을 세우도록 합니다. 또 홍선 대원군을 경복궁에 들게 하여 마치 고종과 대립하여 권력을 차지하려는 것처럼 위장하기도 합니다. 하지만 홍선 대원군은 단순히 권력을 차지하기 위해 일본과 손잡는 것을 택하지는 않습니다. 홍선 대원군은 경복궁 입궐부터 일본에 대항했고, 고종에게서 권력 이양을 받고 자기 뜻대로 정치를 하고자

---

30. 1894년 청일전쟁에서 우위를 점하고 조선을 이용하고자 일으킨 사건
31. 1894~1896년 사이 세 번에 걸쳐 추진된 근대 지향적 개혁 운동

했습니다. 결국 흥선 대원군도 보름 남짓 정도 섭정을 한 후 쫓겨납니다. 일본의 경복궁 점령사건은 1년 후에 있을 을미사변[32]의 전초전이었을 것입니다.

작전명 '여우사냥'

1895년 10월, 일본 정부는 바로 건청궁 곤녕합 옥호루에서 명성황후를 시해합니다. 일본이 을미사변을 일으킨 이유는 조선을 침략하는데 명성황후가 가장 큰 걸림돌이 된다는 것과 고종에게 가장 효과적으로 타격을 줄 수 있는 인물이라는 데 있습니다. 아무래도 일본 뜻대로 움직이려 하지 않는 고종에게 확실한 위협이 필요했을 겁니다.

처음에 일본이 세운 명성화후 시해 작전에는 일본군과 일본 민간인뿐 아니라 우리나라 훈련대[33]도 함께 하기로 되어 있었고 그 날짜는 10월 10일이었습니다. 우리나라 훈련대를 참여시킨 건 흥선 대원군과 고종-명성황후 간의 권력 다툼으로 인한 사건으로 비춰지길 바랐기 때문입니다. 하지만 조선 정부의 훈련대 해산 변수로 인해 일본은 뜻하지 않은 날짜에 을미사변을 일으킵니다. 《고종실록》에 따르면 10월 7일에 고종은 훈련대 해산을 명령합니다. 그러자 훈련

---

32. 1895년 일본공사 미우라 고로가 주동이 되어 명성황후를 시해하고 일본 세력을 강화한 사건
33. 일본군에 의해 군사 훈련을 받은 훈련대는 일본군의 지휘 아래에 있었다.

대 2대 대장이었던 우범선은 7일에 급하게 미우라 고로 공사를 만나 이 문제를 상의합니다. 그리고 미우라 고로는 10월 8일 새벽에 명성황후 시해를 하기로 결심합니다. 그리고 10월 8일 새벽 1시 일본군 고문인 오카모토가 마포에서 영사관보 호리구치 등과 흥선 대원군의 공덕리 저택[34]으로 향합니다.

아소당 터 표지석

현 동도중학교

하지만 무슨 일인지 여기에서 2시간 정도 지체가 됩니다. 날이 밝기 전에 경복궁에 당도하려던 것이 실패한 것입니다. 게다가 흥선 대원군은 절대 만만하지 않은 인물이었습니다. 본인이 을미사변에서 일본과 손을 잡는다면 정치적으로 전혀 유익하지도, 떳떳할 수도 없다는 것을 알았습니다. 하지만 총칼의 무력 앞에서 흥선 대원군은 끌려 나올 수밖에 없었습니다.[35]

새벽 5시경에서야 서대문 한성부청 앞에 흥선 대원군이 도착합

---

34. 현 동도중학교 자리에는 흥선 대원군의 별장인 아소당이 있었음을 나타내는 표지석이 있다.
35. 이와 관련해서는 〈뮈텔주교일기〉에 따르면 대원군의 손자 이준용이 프랑스인 주교 뮈텔에게 "대원군이 암살자의 칼이 두려워서 대궐로 이끌려 갔다." 라고 말했다고 한다.

니다. 여기에서 일본군수비대 1중대와 훈련대 2대대가 흥선 대원 군을 호위하여 광화문까지 갑니다. 일본군은 광화문에 사다리를 놓고 넘어가 문을 열고, 경복궁의 또 다른 문인 춘생문과 추성문 등으로 동시에 공격합니다. 이때 경복궁을 지키던 조선인 병사들은 옷을 벗어 던지고 도망갔다고 전해집니다. 광화문으로 뚫고 궁궐로 들어온 일본인과 조선 훈련대 군인들은 경회루와 향원정 왼쪽 길로 건청궁에 다다릅니다. 명성황후는 궁궐 밖으로 도망가는 것은 포기하고 궁녀의 옷으로 갈아입고 변장을 하고 있었습니다. 일본군은 건청궁 곤녕합에 침입해서 궁녀를 모두 일일이 확인하고 명성황후를 찾아내 살해합니다. 이때 시간이 대략 6시, 해가 떠오르는 아침에 명성황후는 그렇게 세상을 떴습니다.

  을미사변과 관련해서는 조선 공사관 일등영사를 지낸 우치다의 〈사다쓰지 보고서〉[36]가 있는데, 2005년 문서가 공개되었습니다. 이 보고서에는 당시 일본군의 경복궁 침입 경로와 시해 장소 등이 상세히 기록되어 있습니다. '왕후 폐하를 장안당(고종의 침전) 뒤편 뜰로 끌어내 살해한 뒤 시신을 곤녕합 옥호루에 내려놓았다'라고 기록되어 있습니다. 이 또한 우치다 영사가 살인 현장에 있었던 것은 아니어서 확실[37]하지는 않습니다만, 한 나라의 왕비를 무참히 살해한 것은 끔찍한 만행인 것만은 분명합니다.

---

36. 1895년 10월 일본 영사였던 우치다 사다쓰지가 작성하여 일왕에게 보고한 것으로 2005년
    에 공개되었다.

10월 8일 아침, 고종은 건청궁 장안당으로 넘어옵니다. 일본의 미우라 공사와 미국 러시아 공사들도 자리를 함께합니다. 대세는 이미 일본에 기울었고, 미국과 러시아 공사가 함께 있기도 했지만 미우라 공사는 흥선 대원군을 협박하여 김홍집 내각[38]을 세우도록 합니다.

일본은 여기에서 그치지 않고 명성황후의 행실이 바르지 않았다 헐뜯고 고종을 압박하여 폐서인으로 만듭니다.

'후빈(后嬪)과 종척(宗戚)이 나라 정사에 간섭함을 허락하지 않는다.'고 하여 민씨가 뉘우치기를 바랐다. 그러나 민씨는 오래된 악을 고치지 않고 그 패거리와 보잘것없는 무리를 몰래 끌어들여 짐의 동정을 살피고 국무 대신(國務大臣)을 만나는 것을 방해하며 또한 짐의 나라의 군사를 해산한다고 짐의 명령을 위조하여 변란을 격발시켰다. 사변이 터지자 짐을 떠나고 그 몸을 피하여 임오년(1882)의 지나간 일을 답습하였으며 찾아도 나타나지 않았다. 이것은 왕후의 작위와 덕에 타당하지 않을 뿐만 아니라 그 죄악이 가득차 선왕(先王)들의 종묘를 받들 수 없는 것이다. 짐이 할 수 없이 짐의 가문의 고사(故事)를 삼가 본받아 왕후 민씨를 폐하여 서인(庶人)으로 삼는다.

《고종실록》 33권, 고종 32년 8월 22일(1895년)

37. 러시아 대리공사 카를 이바노비치는 '곤녕합에서 뜰로 떨어뜨린 뒤 죽였다'고 했으며, 주한 영국 영사 힐리어는 '명성황후는 뜰 아래로 달아났지만 결국 붙잡혀 쓰러졌고 살해범들은 황후의 가슴을 짓밟으며 몇 차례나 칼로 찔렀다. 그리고 실수가 없게 하려고 황후와 용모가 비슷한 궁녀들까지 살해했다'고 했다.
38. 1894년 제1차 김홍집 내각, 청일전쟁 제2차 김홍집 내각, 을미사변 후 제3차 김홍집 내각. 고종의 아관파천 후 광화문에서 성난 군중들에게 살해되었다.

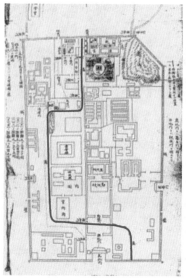
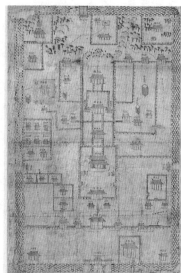

〈사다쓰지 보고서〉[39] 중 일부   경복궁도, 국립민속박물관 소장

　다행인지 고종의 이러한 조치는 태자였던 순종의 반대에 부딪힙니다. 폐서인으로 만든지 하루 만에 다시 빈의 칭호를 내립니다. 같은 해 10월 일본은 을미사변에 대한 조사를 하고 두 달 뒤인 음력 10월 10일에는 왕후로 복권을 시킵니다. 이어서 1896년 1월, 을미사변에 대한 히로시마 재판을 형식적으로 열고 관련자들에게는 증거불충분으로 '무죄'를 선고합니다.

　그렇지만 고종은 일본에 대한 두려움으로, 태자를 데리고 친일내각이 있던 경복궁을 탈출해 러시아 공사관으로 피신합니다. 이

---

39. 빨간 선은 광화문에서 건청궁까지의 침입 경로를 나타내고 있다.

구 러시아 공사관　　　　　보수 중인 러시아 공사관 전경

를 아관파천[40]이라고 합니다. 고종은 1897년 2월 20일까지 러시아 공사관에 머물게 됩니다. 아관파천 후 고종은 바로 김홍집 내각을 파직하고, 친미파였던 박정양과 이완용 등을 내부대신과 학부대신으로 임명합니다. 이날 성난 백성들은 을미사변 후 친일에 앞장섰던 김홍집과 정병하를 광화문에서 살해합니다. 그리고 고종은 을미년 8월 22일과 10월 10일에 내렸던 명성황후에 관한 조서[41]를 모두 취소합니다. 명성황후에 대한 장례를 대한제국이 성립된 직후인 1897년 11월 22일 치르고, 청량리 홍릉에 안장합니다.

---

40. 고종 대에는 러시아제국을 아라사(俄羅斯)로 불렀다. 아관(俄館)이란 러시아 공사관을 의미한다.
41. 임금의 명령을 일반인에게 알리고자 적은 문서

고종, 독살되다?

고종은 1897년 2월 20일 경운궁(지금의 덕수궁)으로 다시 돌아옵니다. 그리고 그해 10월 덕수궁에서 300미터 떨어진 곳에 환구단을 짓고 하늘에 제사를 지냅니다. 하늘에 대한 제사는 천자만이 지낼 수 있는 것[42]으로 대한제국이 근대적인 자주 독립국으로서 청나라 일본 어느 나라에도 간섭받지 않는 독립 국가임을 세계 곳곳에 선포하는 것이었습니다. 고종은 나라다운 대한제국을 꿈꾸며 새로운 도서 구입과 도시 개조사업 그리고 일본에 대항하기 위한 정보 기관인 익문사(益聞社)를 만드는 등 열강의 틈바구니에서 살아남기 위해 최선을 노력을 다합니다.

그러나 노골적으로 침략해 오는 일본을 막을 수는 없었습니다. 1904년 러일전쟁[43]에서 승리한 일본은 대한제국에 대한 강압을 더욱 거세게 했고, 결국 1905년 을사늑약[44]이 체결되면서 우리의 외교권이 박탈됩니다. 자주국으로서의 대한제국이 더 이상 존재하지 않게 된 겁니다. 고종은 1907년 4월 네덜란드 헤이그에서 열리는 만국평화회의에 이준, 이상설, 이위종 등 특사를 파견하여 일본의 억압으로 맺어진 을사늑약 무효를 알리고자 하였으나 일본의 방해로 이뤄지지 않습니다. 일본은 만국평화회의 특사 파견과 관련하여 고종에게 책임

---

42. 제후국에서는 하늘에 대한 제사를 지낼 수 없어, 토지의 신 '사(社)', 곡식의 신 '직(稷)'에만 제사를 지낼 수 있었다.
43. 1904년부터 1905년에 만주와 한반도 지배권을 놓고, 러시아와 일본이 벌인 전쟁
44. 일본이 대한제국의 외교권을 빼앗기 위해 강제로 체결한 사건

을 묻고 1907년 7월 황제의 자리에서 쫓아냅니다. 고종은 경운궁에 머무르며 12년을 더 살다 1919년 1월 21일 68세의 나이로 함녕전에서 승하합니다.

고종의 죽음과 관련해서는 어느 것 하나 명명백백 밝혀지지 않았습니다. 다만 죽음의 원인과 관련해서는 독약에 의한 것으로 받아들이고 있는데, 독약을 마신 것 또한 자살인지 독살인지 불분명합니다.

자살설을 주장하는 입장은 승하한 날짜가 영친왕과 이방자 여사의 결혼식 4일 전으로 고종이 매우 탐탁지 않게 여기던 결혼식을 받아들일 수 없어 자살했다는 겁니다. 고종은 황제 자리에서 쫓겨났음에도 불구하고 12년을 견디며, 어쩌면 돌이킬 수 없는 상황에서도 일본이 패망하기를 바라며 기다린 것은 아니었을까요? 12년을 버틴 고종이 아들 결혼 때문에 자살한다는 것은 이해하기 어렵습니다.

그렇다면 독살설은 어떨까요? 지금까지 독살[45]과 관련해서는 대표적인 친일파였던 민병석과 윤영덕이 한 것으로 전해지고 있습니다만 정확한 이유와 누가 실행했는지에 대한 자료가 남아 있지 않습

---

45. 고종의 독살과 관련해서는 1898년 9월에 덕수궁 정관헌에서 김홍륙에 의해 시도된 바 있다. 《고종실록》 38권, 고종 35년 9월 12일(1898년) 기록에 따르면, 음력으로 올해 7월 10일 김홍륙(金鴻陸)이 유배 가는 것에 대한 조칙(詔勅)을 받고 그날로 배소(配所)로 떠나는 길에 잠시 김광식(金光植)의 집에 머물렀는데, 가지고 가던 손 주머니에서 한 냥의 아편을 찾아내어 갑자기 흉역(凶逆)의 심보를 드러내어 친한 사람인 공홍식(孔洪植)에게 주면서 어선(御膳)에 섞어서 올릴 것을 은밀히 사주하였다. 음력 7월 26일 공홍식이 김종화(金鍾和)를 만나서 김홍륙에게 사주받은 내용을 자세히 말하고 이 약물(藥物)을 어공(御供)하는 차에 섞어서 올리면 마땅히 1,000원(元)의 은(銀)으로 수고에 보답하겠다고 하였다. 김종화는 일찍이 보현당(寶賢堂)의 고지기〔庫直〕로서 어공하는 서양 요리를 거행하였었는데, 잘 거행하지 못한 탓으로 태거(汰去)된 자였다. 그는 즉시 그 약을 소매 속에 넣고 주방에 들어가 커피 찻주전자에 넣어 끝내 진어(進御)하게 되었던 것이다.

고종 황제 장례 행렬[46]

니다. 다만 일본의 총리대신이었던 데라우치가 제안했던 것을 고종이 받아들이지 않자 독살하지 않았을까 하는 설이 가장 설득력 있습니다. 1919년은 우리가 잘 알다시피 3·1운동과 대한민국임시정부가 세워진 해로, 1918년에 있었던 미국 대통령 윌슨의 '민족자결주의' 발표로 국내외 항일 독립운동 세력들이 하나로 힘을 모으던 시기였습니다. 아무래도 일본은 고종을 중심으로 그 힘이 모이지는 않았을까 우려되었을 테고, 그것이 독살로 이어졌을 가능성이 있습니다.

고종의 죽음 이후 서울 곳곳에는 고종이 독살되었다는 벽보가 붙여졌고, 3월 3일 장례식에 맞춰 전국적으로 일본에 대항해 3·1운동이 일어났습니다. 3·1운동과 관련해서는 전국적으로 일어난 독립운동이다 보니 지금까지 많은 연구가 진행되었고 유적지 발굴 및 기념관 설립도 이루어졌습니다. 그에 반해 아직도 고종의 죽음에 대한 실체가 밝혀지지 않은 것은 매우 안타까운 일입니다.

---

46. 덕수궁 국장화첩으로 조선총독부의 기관지였던 경성일보가 1919년 3월 3일 시행된 고종의 국장 과정을 사진으로 정리하여 발행했다.

홍릉에서 다시 만난 고종과 명성황후

경기도 남양주시 홍유릉로 352-1. 대한제국의 초대 황제인 고종과 명성황후의 능인 홍릉이 있는 곳입니다. 본래 홍릉은 1897년 대한제국을 선포한 고종이 일본에 의해 무참히 살해된 명성황후를 위해 동대문구 청량리에 조성했던 능이었습니다. 하지만 1900년 홍릉의 자리가 불길하다 하여, 남양주로 이장할 것을 결정하고 황릉(황제릉)으로서 조성하기 시작합니다. 그런데 정치적 상황이 녹록지 않아서인지 바로 이장을 하지 못합니다. 그러다 고종이 승하하자 명성황후를 먼저 이장하고 고종을 1919년 3월 4일 합장합니다.

25년 만에 고종과 명성황후는 합장을 통해 홍릉에서 다시 만나게 됩니다. 나라가 점차 기울어가던 시기에 일본에 의해 처참히 살해되고 시신조차도 장작 위에서 불타버렸던 명성황후. 그리고 나라를 빼앗기고 누구의 사주인지도 모른 채 독살(?)된 고종. 남양주 홍릉에서 다시 만난 부부는 서로에게 무어라 말했을까요? 정치를 바로 세우지 못하고 나라를 지키지 못한 망국의 아픔에 눈물을 흘렸을 수도 있지만, 조선의 자주권을 지키기 위해 한평생을 보낸 서로의 삶을 위로하며 어깨를 토닥였을지도 모릅니다.

명성황후는 고종의 왕비로서 실질적인 정치 참여를 할 수 없었음에도 풍전등화의 현실에서 적극적으로 이전의 왕비가 행하던 역할 이상의 것을 합니다. 이화학당의 이름을 지어주기도 하고 외국 공사 부인들과의 모임인 '원유회'를 조직하기도 합니다. 이러한 명성황후의 대외적 활동은, 조선을 살리고 고종을 돕기 위한 정치적이고 외교적 행동들이었지만 을미사변이란 처참한 비극을 불러옵니다. 고종은 흥선 대원군에게서 권력을 되찾아온 순간부터 조선의 최고 결정권자로서 세계열강의 틈바구니에서 최후의 순간까지도 인내하고 조선의 자주권을 지키기 위해 한평생을 보냅니다. 명성황후와 고종의 삶은 서로가 서로에게 힘이 되어주었기에 가능했습니다. 서로의 삶을 지탱해 주는 동지가 아니었다면 어쩌면 더 편안한 삶을 살았을지도 모릅니다.

고종이 죽은 지 100여 년이 지난 지금도 우리는 망국의 아픔을 답답해하며 그들이 살아내야 했던 고단했던 역사는 외면하고 원망만 하고 있는지도 모릅니다. 역사의 소용돌이 속에서 중요한 위치에 있다는 것은 참 어려운 일이 아닐 수 없습니다. 수모를 감수하고 살았던, 그리고 그 속에서 죽어간 고종과 명성황후의 삶을 조금이나마 의미 있게 되돌아보았으면 합니다.

걸으며 읽는
역사 이야기

황제릉은 우리나라에도 있다!

세계문화유산에 등재된 조선 왕릉 40기. 그중에 왕릉이 아닌 황제릉도 포함되어 있답니다. 왕이 아니라 황제라면 누가 떠오르나요?

남양주에 가면 조선 왕릉과는 조금 다른 것 같으면서도 비슷한 대한제국의 황제릉을 볼 수 있습니다. 바로 고종 황제와 명성황후의 합장릉인 홍릉과 순종 황제와 원후 순명황후 그리고 계후 순정황후의 합장릉인 유릉입니다. 대한제국의 황릉은 왕릉과는 그 격을 달리하면서도 화려하거나 오만하지 않고 대한제국(조선)만의 단아한 아름다움이 곁들여 있습니다.

홍릉을 황릉으로 다시 조성한 데에는 대한제국이 황제국으로서 자주권과 면모를 보이려는 뜻이 들어 있습니다. 고종은 홍릉을 청

홍릉

량리에서 남양주로 옮기기 위해 명나라의 황릉(명 13릉)을 직접 보고 오도록 명합니다. 하지만 명나라 황릉의 규모가 이제껏 보지 못한 어마어마한 크기임을 보고 받고 고민에 빠집니다. 조선 왕릉과 달리 명나라 황릉은 지하 궁전을 만들었는데, 황릉의 입구인 수도권을 시작으로 전전과 중전, 좌우배전과 황제와 황후가 함께 있는 후전까지 5개의 방이 있습니다. 베이징에 갔을 때 둘러본 적이 있는데, 정말 지하 궁전으로 불릴만 한 압도적인 크기였습니다.

그래서 고종 황제는 명황릉을 그대로 따라 하기보다는 대한제국의 규모에 맞으면서도 품격을 잃지 않는 황릉을 조성하도록 명합니다. 그런 뜻으로 세운 홍릉은 명 13릉에서 우리가 취할 수 있는 것은 가져왔으나 조선 왕릉과 규모 면에서는 큰 차이가 나지는 않습니다. 그래도 조선의 다른 왕릉과 비교하면서 하나하나 따져보다

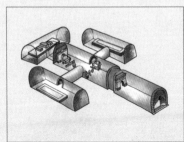
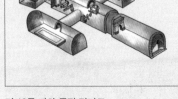
명 13릉 지하 궁전 평면도

명 13릉 지하 궁전 내부 모습

보면 홍릉만의 멋에 빠질 수 있습니다.

조선 왕릉은 홍살문으로 제사를 지내는 공간에 들어가게 되는데, 우측의 어로(임금이 걷는 길)를 따라 정자각[47]까지 이르게 됩니다. 정자각은 제사를 지내는 공간으로, 능에 모셔진 왕의 신령이 내려와 제사상을 받게 되는 곳입니다. 정자각과 능은 상당한 거리를 두고 있는데, 능 앞으로는 문인석과 무인석을 비롯하여 장명등과 혼유석이 있습니다. 장명등은 문·무인석 중간에 위치하는데 사후의 세계를 밝히는 역할을 합니다. 장명등 뒤에 있는 혼유석은 생김새가 묘 앞에 놓인 제사상처럼 보이는데, 실은 능의 주인인 혼령이 노는 곳을 말합니다. 그리고 능은 보통 병풍석으로 둘러쳐져 있고, 주위에는 석양과 석호가 능을 수호하고 있으며, 곡장이라는 담으로

---

47. 정자각은 위에서 보았을 때 건물의 모습이 정(丁)자 모양이어서 붙여진 이름이다.

예릉(철종과 철인왕후)의 정자각

세종대왕릉(영릉)

바깥과 경계를 이룹니다. 조금씩 차이가 있긴 하지만 조선 왕릉 40
기는 대개 이러한 모습을 하고 있으며 오래도록 그 형태에 변화를
주지 않았습니다.

그런데 이런 조선 왕릉들과 달리 홍릉은 돌짐승과 문·무인석의
위치가 다릅니다. 왕릉의 돌짐승들은 능 앞에 있는데, 홍릉의 돌짐
승들은 홍살문으로 들어가면 어로 양옆으로 일렬로 마주 보며 한
쌍씩 서 있습니다. 이건 명나라 황제릉의 형식을 빌린 것으로 생각
되는데 돌짐승의 순서는 조금 차이가 있습니다. 홍릉의 돌조각들은
홍살문부터 말-낙타-해태-사자-코끼리-기린 그리고 무인석과 문인
석이 있는데, 명나라 황제릉은 사자-해태-낙타-코끼리-기린-말[48] 순
서로 모두 두 쌍씩 있습니다. 돌짐승 수의 차이는 아무래도 대한제
국의 어려운 형편 때문인 듯한데, 돌짐승의 순서가 다르다는 것이
특이합니다.

능침에는 병풍석과 난간석을 두르고 혼유석, 망주석, 장명등을 설
치하였습니다. 기존의 능침공간에 있던 석물(석양, 석호, 문·무인
석)들은 제향 공간 앞으로 배치하고, 종류와 개수를 늘렸습니다. 문
무인석, 기린석, 코끼리석, 사자석, 해태석, 낙타석, 석마의 순으로
석물을 놓았는데, 특히 말의 위치가 대한제국은 제일 뒤이고 명나라

---

48. 홍릉의 돌짐승은 말은 두 쌍이고 다른 짐승들은 모두 한 쌍이다.

홍릉의 석물

는 제일 앞입니다. 그 이유는 명나라에서는, 말은 전쟁에서 장수가 타는 것으로 현실적으로 중요하기도 하지만 전통적으로 좋은 기운을 가지고 오는 상서로운 짐승으로 여겼기 때문이고, 조선과 대한제국은 말을 실질적인 이동 수단으로 생각했기 때문 같습니다.

홍릉에는 제사를 지내는 공간으로 정자각이 아닌 일(一)자형 침전이 있습니다. 황제릉이기 때문에 정자각이 아닌 침전일 거라 오해할 수도 있지만, 어떤 이유에서인지 몰라도 청량리에 홍릉을 조성할 때부터 일자형 침전이었습니다. 명성황후를 생각하는 고종의 특별한 마음이 들어가 있는 것은 아닐까요? 조선 왕릉과 마찬가지

홍릉 침전

로 침전을 지나 언덕을 올라가면 능이 있습니다. 능 주변의 석물은
기존 왕릉을 따랐는데, 문·무인석과 석마가 침전 앞에 배치되었기
때문에 능침에는 병풍석과 난간석, 혼유석, 망주석, 장명등이 있습
니다.

도산서원

Part 2
우정의 법칙

01 세종과 장영실, 백성을 위한 '의로움'으로 함께하다
걸으며 읽는 역사 이야기_ 국립한글박물관 둘러보기

02 나이를 초월한 우정, 이황과 이이
걸으며 읽는 역사 이야기_ 도산서원 알아보기

03 지음지기 정선과 이병연, 그림과 시로 마음을 나누다
걸으며 읽는 역사 이야기_《장동팔경첩》을 따라, 정선을 따라

01 세종과 장영실, 백성을 위한 '의로움'으로 함께하다

#충정 🔍

멀리서 바라본 서촌

조선을 빛낸 세종대왕의 업적

유교에서는 임금과 신하 사이에 마땅히 지켜야 할 도리로 군신유의(君臣有義)를 말합니다. 임금과 신하 사이에 의로움이 있어야 한다는 건데요. '의로움' 하면 '의리'가 먼저 떠오를 거예요. 그런데 '군신유의'는 '의리'와는 의미가 조금 다릅니다. 군신의 의로움이란 개인적인 이익을 추구하지 않고, 임금과 신하 모두 백성의 행복한 삶을 위해 정치하는 것을 의미합니다. 군신의 관계에서 신하의 일방적 충성이 아닌 임금과 신하 모두 '의로움'을 지향하며 함께 노력하는 것입니다. 이런 가운데 임금은 신하를 예(禮)로써 대하고, 신하는 임금에게 충(忠)을 다하는 것이지요.

유교의 나라 조선에서는 이러한 정치 철학을 바탕으로 임금과 신하가 함께 나라의 근본을 '백성'으로 생각하고 백성을 위한 정치를 펴기 위해 노력했습니다. 조선에서 백성을 위한 정치가 가장 먼저 꽃피운 시기를 꼽자면 세종 대이지 싶습니다. 세종 대에는 인류 문화사적으로 높은 가치를 지닌 훈민정음이 창제되었을 뿐 아니라 박연을 통한 아악 정비, 율관[49]과 악기 제작 등 여러 분야에서 발전이 이어졌습니다. 특히나 백성들의 생활과 농업에 도움을 주는 과학 기구들을 발명하는 뛰어난 성과들이 있었는데, 여기에는 세종과 떼려야 뗄 수 없는 조선 최고의 과학자 장영실이 있었습니다. 세종은

---

49. 중국과 우리나라에서는 12반음으로 음악 연주를 하였는데, 기본이 되는 음을 불어 낼 수 있는 관의 길이를 율관이라 한다.

'의로움'으로 백성을 위한 정치를 했고, 장영실은 '의로움'으로 세종에게 충성을 다했습니다.

세종과 장영실의 어린 시절

태조(太祖) 6년 정축 4월 임진에 한양(漢陽) 준수방(俊秀坊) 잠저(潛邸)에서 탄생하였으니, 명나라 태조 고황제(太祖高皇帝) 홍무(洪武) 30년이다.

《세종실록》 1권 총서

경복궁역 인근에 있는 표지석

보통의 임금이라면 궁궐에서 태어날 텐데, 세종은 사가(私家, 개인이 살림하는 집)에서 태어납니다. 아버지 태종이 아직 임금이 아니었던 시기에 태어났기 때문입니다. 안타깝게도 세종이 태어났다고 전해지는 한양 준수방이 어디인지 정확한 기록은 남아 있지 않습니다. 다만 준수방이란 옛 이름을 볼 때 지금의 서촌이었을 것으로 추정됩니다. 그래서 서촌에 가면 세종대왕이 태어나신 곳이라는 표지석을 볼 수 있습니다.

《세종실록》에 따르면 세종은 똑똑하고 인자했으며 형제들과도 사이가 좋았다고 합니다. 태종 대에 세자는 본래 첫째인 양녕대군이었습니다. 그런데 양녕대군은 공부는 게을리하고 늘 노는 것에 빠졌을 뿐 아니라 자꾸만 불미스러운 일을 일으켰습니다. 그러자 많은 신하가 양녕대군을 세자 자리에서 쫓아내라고 상소를 올립니다. 태종은 결국 참다못해 양녕대군을 세자 자리에서 쫓아내고, 효도도 잘하고 형제들과 우애도 깊은 셋째 충녕대군을 세자로 삼습니다. 어쩌면 형제들을 죽여 가며 왕이 되었던 태종 자신과 같은 실수를 범하지는 않았으면 하는 바람이 있었는지도 모릅니다.

세종은 대군으로 지내던 어린 시절, 좋아하는 것들을 맘껏 하며 지냅니다. 대군은 정치에 관심을 가져서도 안 되고 권력을 탐해도 안 되는 그런 위치였습니다. 왜냐하면 대군은 왕과 가장 가까운 형제로서 언제든 왕의 자리를 두고 경쟁할 수도 있었기 때문에 권력에 욕심이 없음을 내비치며 권력의 자리를 멀리해야 했습니다. 태종이 대군이었던 세종에게 "너는 할 일이 없으니, 평안하게 시나 노래를 지으며 즐겁게 살아라."라고 했답니다. 세종은 어린 시절 정치에는 별 관심을 두지 않고 자연스럽게 학문에만 몰두했다고 합니다. 세종이 얼마나 책을 좋아했던지, 태종이 세종의 방에 있던 책을 모두 뺏어가기도 했다는 일화는 너무나 유명합니다. 저나 여러분에게 이런 아버지가 있었다면 '얼씨구나 좋다.'라고 했었을 텐데 말이죠.

공부를 너무 많이 한다고 못 하게 하는 아버지 아래에서 자랐던 세종과 달리 장영실은 동래현(지금 부산의 동구) 관아 기생이었던 어머니 아래에서 공부를 하고 싶어도 할 수 없는 노비로 태어납니다. 출생이 미천해서인지 장영실이 언제 태어났는지 또 언제 죽었는지 기록으로 남아 있지 않습니다. 다만 《조선왕조실록》에 나오는 기록을 통해 대략 추측할 뿐입니다.

서울대학교 황상익 명예교수에 의하면 조선 시대 사람들의 평균 수명은 46세였다고 합니다. 그렇다고 한다면 최소한 장영실이 1442년까지 살았으니, 1368년 멸망한 원나라 사람이었던 장영실의 아버지가 대략 20대였던 1380년대 후반에 장영실을 낳은 것으로 추정할 수 있습니다. 만약 장영실에 대한 자료와 기록이 남아 있었다면 더 많을 걸 알 수 있지 않았을까 하는 아쉬움이 있습니다.

비록 장영실에 대한 자료와 기록은 미비하지만 그가 발명한 것들을 찬찬히 들여다보면 어린 시절부터 남다르지 않았을까 추측해 봅니다. 왜냐하면 조선 시대에 노비 출신인 아이가 장성하여 궁궐에서 일할 수 있는 기회는 쉽게 찾아오지 않기 때문입니다.

천재 과학자 장영실의 재주를 아낀 세종

장영실은 어려서부터 그 재주가 남달랐다고 합니다. 1433년(세종 15년) 기록에 따르면 '공교(工巧)한 솜씨가 보통 사람에 뛰어나므로 태종께서 보호하시었고, 나도 역시 이를 아낀다.'라는 말을 보았을 때, 이미 태종 대에 인재로 발굴되어 궁궐에 들어와 일했다는 것을 추측해 볼 수 있습니다. 같은 기록을 보면 세종은 임금이 된 지 얼마 되지 않아 장영실에게 상의원의 별좌[50]라는 벼슬을 내려주려고도 했습니다. 물론 처음에는 예조판서, 이조판서 등을 역임한 허조의 반대로 무산되기는 했지만, 훗날 장영실은 1425년(세종 7년)에 상의원 별좌에 오르고 이후 사직(司直)을 거쳐 1433년(세종 15년)에는 호군이 되고, 1438년(세종 20년) 무렵엔 종3품 대호군(大護軍)까지 오릅니다. 아래는 영의정 황희가 세종대왕에게 한 말입니다.

> "김인(金忍)은 평양의 관노였사오나 날래고 용맹함이 보통 사람에 뛰어나므로 태종께서 호군을 특별히 제수하시었고, 그것만이 특례가 아니오라, 이 같은 무리들로 호군 이상의 관직을 받는 자가 매우 많사온데, 유독 영실에게만 어찌 불가할 것이 있겠습니까."
>
> 《세종실록》 61권, 세종 15년 9월 16일(1433년)

세종이 장영실을 이토록 아끼고 벼슬에 벼슬을 더해 준 이유는 무엇일까요? 장영실의 재주가 비범했기 때문입니다. 조선이라는 나라가 새로 건국되어 여러 분야의 인재들이 절실히 요구되는 시기이기도 했지만, 태조와 태종 그리고 세종은 신분을 상관하지 않고 인재들을 무척이나 아꼈습니다. 1423년(세종 5년)의 또 다른 기록을 보면 태조 대에 발탁되어 태종과 세종의 총애를 받았던 박자청이란 인물이 있습니다.

---

50. 상의원은 조선 시대 임금의 의복을 진상하고, 대궐 안의 재물과 보물을 관리하던 관서이며, 별좌는 종5품의 벼슬이다.

박자청[51] 나이 67세이다. 부음을 올리니 3일간 정사를 철폐하고, 종이 1
백권을 내렸으며, 장사를 관에서 다스리게 하였다. 시호를 익위(翼魏)
라고 하였으니, 강극(剛克)으로 발탁된 것을 익이라 하고, 능히 위엄있
고 행동이 민첩한 것을 위라 한다. 아들은 박질(朴質)이다.

《세종실록》 22권, 세종 5년 11월 9일(1423년)

박자청이 죽었을 때 세종은 3일간이나 나랏일을 돌보지 않고 침
전에서 그 죽음을 애도했다고 합니다. 인재를 아끼는 세종의 마음
을 헤아릴 수 있는 대목입니다.

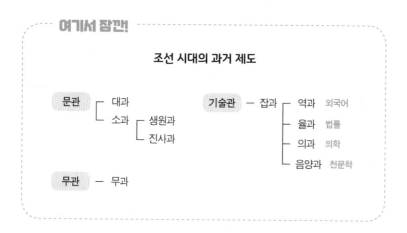

여기서 잠깐!

조선 시대의 과거 제도

문관 ┌ 대과
     └ 소과 ┌ 생원과
            └ 진사과

기술관 — 잡과 ┌ 역과 외국어
              ├ 율과 법률
              ├ 의과 의학
              └ 음양과 천문학

무관 — 무과

---

51. 본관은 영해(寧海)로 황희석(黃希碩)의 하인이었다. 조선이 세워지면서 면천되었고, 학급 무
사로 궁궐의 문을 지킬 때 태조의 이복동생인 의안대군이 궁궐로 들려는 것을 왕명이 없다
하여 막아섰다. 의안대군이 발길로 차며 상처를 입혔는데, 태조가 이 사실을 알고 재물과 벼
슬을 내렸다. 태종 대에는 건축에 특별히 큰 자질을 보여 공조판서까지 역임하였다.

장영실, 세종의 손이 되다

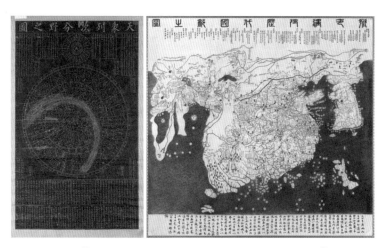

천상열차분야지도[52] 국립고궁박물관 소장(왼쪽), 혼일강리역대국도지도 모사본[53] 서울대규장각한국학연구원 소장(오른쪽)

　　조선을 비롯한 동아시아 고대 사회에서는 지진, 홍수, 가뭄과 같은 자연재해가 임금의 잘못으로 일어난다고 생각했습니다. 그뿐 아니라 월식과 일식 그리고 별똥별 등과 같이 하늘에서 일어나는 모든 일들을, 하늘이 인간에게 보내는 신호라고 생각했습니다. 그러다 보니 임금은 백성의 안정된 삶을 위해 하늘에서 일어나는 일에

---

52. 이 지도에는 중국과 조선에서 볼 수 있는 별들과 절기 때마다 남쪽에 위치하는 28수(宿)에 대한 설명 등을 적어놓았다. 이 지도를 통해 해와 달의 움직임과 절기의 구분을 알 수 있다.
53. 《혼일강리역대국도지도》는 현재 일본에만 2점이 전해지고 있다. 서울대규장각한국학연구원에 있는 지도는 류코쿠대학에 있던 실물 사진을 입수하여 모사했다. 조선의 중국 중심의 세계관을 엿볼 수 있고, 유럽과 아시아에 대한 조선의 정보력을 짐작할 수 있다.

많은 관심을 가졌고, 하늘과 관련된 학문 즉 천문을 연구하고 발전
시켰습니다.

조선이 세워지고 얼마 지나지 않은 태조와 태종 대에는 조선의
건국과 관련하여 백성의 동요를 잠재우고 임금의 권위를 높이기 위
해 별자리 지도와 세계 지도를 제작합니다. 그게 바로 1395년(태
조 4년)에 제작된 '천상열차분야지도'와 1402년(태종 2년)에 제작된
'혼일강리역대국도지도'입니다.

그리고 드디어 세종 대에 이르러 천문의 꽃을 피웁니다. 우리나
라만의 역법[54]을 만들고 자동 물시계와 천문 관측기구를 제작한 겁
니다. 이러한 노력을 기울인 바탕에는 세종이 느낀 현실적인 필요
가 있었습니다. 1422년 《세종실록》의 기록을 보면 일식의 시간을
맞추지 못해 천체 관측 관원이 곤장을 맞는 일이 있기도 합니다.

> 일식이 있으므로, 임금이 소복(素服, 하얗게 차려입은 옷)을 입고 인정
> 전의 월대(月臺, 궁전 앞에 있는 섬돌) 위에 나아가 일식을 구(救)하였
> 다. 시신(侍臣, 임금 옆에 가까이 모시는 신하)이 시위하기를 의식대로
> 하였다. 백관들도 또한 소복을 입고 조방(朝房, 신하들이 임금을 만나
> 려고 모여 있던 방)에 모여서 일식을 구하니 해가 다시 빛이 났다. 임금
> 이 섬돌로 내려와서 해를 향하여 네 번 절하였다. 추보(推步, 천체의 운
> 행을 관측하는 것) 하면서 1각(刻, 15분)을 앞당긴 이유로 술자(術者, 조

---

54. 천체의 주기적 운행을 기준으로 하여 날짜와 절기를 정하는 방법을 말한다.

선 시대에 관상감에서 일식이나 월식 따위의 일을 맡아보던 벼슬) 이천
봉(李天奉)에게 곤장을 쳤다.

《세종실록》 15권, 세종 4년 1월 1일(1422년)

이러한 사건이 벌어진 데에는 중국의 역법을 따라 천체의 움직임
을 살폈기 때문입니다. 여러분이 사회와 과학 시간에 배웠듯이 위
도와 경도에 따라 해 뜨는 시간도 다르고 계절 변화도 다를 수밖에
없습니다. 그런데 당시에는 북경을 기준으로 한 역법을 사용하다
보니 시간도 맞지 않고 농사를 짓는데도 어려움이 따랐습니다. 그
래서 세종은 올바른 천체 관측을 위한 장기 프로젝트를 세우고 장
영실을 앞세워 여러 대신과 함께 우리만의 시간과 별자리를 찾아갔
던 것입니다.

세종의 과학 프로젝트 책임자 장영실

세종은 집권 초기부터 우리의 역법에 관심을 가지고 장기적인 프
로젝트를 시작합니다. 우선 1424년(세종 6년) 6월의 기록에 따르
면 산법 교정소(校正所)를 세우고 중국에서 들여온 《대명력(大明
曆)》, 《회회력(回回曆)》, 《수시력(授時曆)》, 《통궤(通軌)》와 《계몽
(啓蒙)》, 《양휘전집(揚輝全集)》, 《첩용구장(捷用九章)》 등의 역법
관련 서적들을 익히게 합니다. 덕분에 오래지 않아 산서(算書)와 역

경(曆經)에 능통하게 되었다고는 하지만 1431년(세종 13년)의 기록을 보아서도 알 수 있듯이 정확하진 않았던 듯합니다. 결국 사역원 주부였던 김한·김자안 등을 중국으로 보내 산법을 익히도록 하고, 집현전 학자인 김빈과 우효강에게도 산법을 익히도록 합니다. 그러면서 우리의 역법을 위한 프로젝트가 급물살을 타기 시작합니다.

1431년(세종 13년) 7월에는 역법 편찬 책임자였던 공조판서 정초가 세종에게 집현전 학사 출신인 정인지와 함께 일할 수 있도록 건의를 하기도 합니다. 1432년(세종 14년) 10월 '역법(曆法)을 교정(校正)한 이후로는 일식·월식과 절기(節氣)의 일정함이 중국에서 반포한 일력(曆書)과 비교할 때 털끝만큼도 틀리지 아니하매'라는 《조선왕조실록》의 내용으로 보아 1431~1432년 사이에 완벽하게 중국의 역법에 통달한 것으로 보입니다.

'손뼉도 마주쳐야 소리가 난다.'라고 역법에 대한 완벽한 이해는 이제 천문 관측기구의 제작을 통해 그 빛을 발합니다. 세종 대에는 대소간의(大小簡儀), 혼의(渾儀), 혼상(渾象), 앙부일구(仰釜日晷), 일성정시(日星定時), 규표(圭表), 금루(禁漏) 같은 기구들을 정교하게 만들어 천문 관측에 완벽함을 도모하도록 하고, 장영실에게 자격루와 옥루 같은 자동 물시계를 만들게 하여 우리의 천문 과학 기술을 한층 더 끌어올립니다.

장영실이 만든 최고의 발명품으로는 자격루와 옥루를 꼽을 수 있습니다. 세종 대의 자격루와 옥루는 현재 남아 있지 않지만 여러 기록을 토대로 복원하는 데에는 성공했습니다.

복원된 자격루, 국립고궁박물관 전시

고대 사회에서 시간은 해와 물로 측정하는 것이 일반적이었습니다. 원나라 순제 때에도 시간을 저절로 알려 주는 물시계가 있었다고 하지만 장영실이 만든 자격루에는 그 정밀함이 미치지 못했다고 합니다.

자격루는 물을 공급하는 항아리인 파수호에서 물을 흘려보내 물받이 통인 수수호에 물이 고이면 잣대가 떠올라 구슬을 움직여 자동으로 시간을 알려 주는 구조로 되어 있습니다. 즉 수수호에 띄워 놓은 잣대가 파수호에서 흘러온 물의 부력으로 떠오르면 구슬을 건드리고, 구슬이 굴러가 종, 북, 징[55]을 쳐서 정확한 시간을 알려 주

---

55. 2시간마다 종을 친다. 2시간을 다섯으로 나눈 것을 경이라 하는데 매 경이 되면 북이 울린다. 또 경을 다시 다섯으로 나눈 것을 점이라 하는데, 매 점마다 징이 울린다. 자격루는 분까지도 측정할 수 있는 매우 정밀한 시계라 할 수 있다.

는 겁니다. 특히 시(時)를 담당한 나무 인형이 종을 울리면 12지신 가운데 그 시(時)에 해당하는 동물 인형이 시 이름이 적힌 팻말을 들고 나오도록 만들었습니다. 예를 들어 자시(子時)에는 쥐 인형이 '자(子)'라는 글자가 적힌 팻말을 들고 나와 지금 울린 종소리가 자시 라고 알려 주었습니다. 이렇게 자격루에서 나무 인형이 종을 치면, 차례로 북을 쳐서 광화문에까지 북소리를 전했습니다. 마지막으로 광화문의 큰 북을 맡은 자가 북을 쳐서 한양에 시간을 알렸습니다.

이전에도 그랬지만 조선 시대 임금은 백성들에게 하루의 시작과 끝을 알려 줘야만 했습니다. 조선 시대의 하루는 33번의 북을 치는 파루와 함께 시작되었고, 28번 종을 치는 인정으로 마감되었습니다. 그렇기에 정확한 시간을 알려 주는 것은 백성들에게 매우 중요 했습니다. 정확한 시간의 통보는 백성들이 규칙적인 생활을 하도록 도왔을 뿐 아니라, 백성들의 생활을 통제함으로써 사회 질서를 유 지하고 임금의 권위를 내세우는 데도 필요했었습니다.

1438년(세종 20년) 장영실은 종3품 대호군 벼슬에 오른 것에 감사 하여 흠경각 안에 '옥루(玉漏)'라는 독창적인 천상시계(天象時計) 장 치를 다시 한 번 만듭니다. 옥루는 자동으로 시간을 알려 줄 뿐 아니 라 혼천의를 같이 놓아 천체의 움직임까지도 알 수 있도록 했습니 다.《조선왕조실록》에 기록된 김돈의 흠경각기(欽敬閣記)[56]에는 옥 루에 대해 다음과 같은 설명이 나옵니다.

---

56. 흠경학에 대해 기록한 문서. 흠경학은 옥루를 설치했던 경복궁의 전각이다.

복원된 옥루, 국립중앙과학관 전시

풀[糊]먹인 종이로 일곱 자 높이의 산을 만들어 집 복판에 설치하고, 그 산 안에다 옥루기(玉漏機) 바퀴를 설치하여 물로써 쳐올리도록 하였다. 금으로 해를 만들었는데 그 크기는 탄자만 하고, 오색 구름이 둘러서 산허리 위를 지나도록 되었는데, 하루에 한 번씩 돌아서 낮에는 산 밖에 나타나고 밤에는 산속에 들어가며, 비스듬한 형세가 천행에 준하였고, 극의 멀고 가까운 거리와 돋고 지는 분수가 각각 절기를 따라서 하늘의 해와 더불어 합치하도록 되어 있다. 해 밑에는 옥녀(玉女) 넷이 손에 금탁(金鐸)을 잡고 구름을 타고 사방에 서서, 인·묘·진시 초정에는 동쪽에 있는 옥녀가 금탁을 울리고, 사·오·미시 초정에는 남쪽에 있는 옥녀가 금탁을 울리며, 서쪽과 북쪽도 모두 그렇게 한다. 밑에는 네 가지 귀형(鬼形)을 만들어서 각각 그 곁에 세웠는데 모두 산으로 향하여 섰으며, 인시가 되면 청룡신(靑龍神)이 북쪽으로 향하고, 묘시에는 동쪽으로 향하며, 진시에는 남쪽으로 향하고, 사시에는 돌아서 다시 서쪽으로 향하는 동시에 주작신(朱雀神)이 다시 동쪽으로 향하는데, 차례로 방위를 향하는 것은 청룡이 하는 것과 같으며, 딴것도 모두 이와 같다.

《세종실록》 80권, 세종 20년 1월 7일 중에서(1438년)

이 외에도 세종과 장영실은 백성을 위해 앙부일구, 일성정시의, 혼천의, 간의 등 천문기구를 만들기도 하는데 이것은 천문 관측기구가 나라의 근본인 농업에 필요했기 때문입니다. 태양의 움직임에 따라 날씨가 바뀌고 계절이 변하기 때문에 농사를 잘 짓기 위해서는 태양의 움직임을 잘 알아야 했습니다. 해와 별의 움직임을 관찰하고 기록하여 24절기를 나누고 농사짓는 때를 알도록 했습니다. 세종 대에 만든 천문기구들은 대개가 원나라 곽수경이 만들었던 것을 참고한 것이지만, 모방에 그치지 않고 정밀함을 넘어서 진정으로 백성들의 위하는 마음을 담아서 만든 것입니다.

장영실이 만든 대표적인 것으로 앙부일구를 들 수 있습니다. 앙부일구에는 글을 모르는 백성들을 위해 12지신을 그림으로 그려 시간을 알 수 있도록 했을 뿐만 아니라 24절기도 새겨 넣었습니다. 그리고 앙부일구를 종묘와 혜정교(교보문고 광화문점 근처 청계천 다리)에 설치하여 지나다니는 백성들이 볼 수 있도록 배려하기도

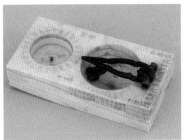

앙부일구(금속), 국립고궁박물관 소장   휴대용 앙부일구(목제), 국립중앙박물관 소장

했습니다. 후에 앙부일구는 주머니와 옷에 넣고 다닐 수 있을 만큼 작게 만들어지기도 했습니다. 다만 앙부일구는 밤에는 볼 수 없다는 문제점이 있었습니다. 이에 세종은 낮엔 해로 시간을 측정하고 밤엔 별로 시간을 측정할 수 있는 '일성정시의(日星定時儀)'를 만들기도 합니다.

조선의 역법을 계산하는 데 있어 가장 중요했던 천문기구는 혼천의와 간의입니다. 이 또한 장영실이 참여하여 제작했는데 매우 정밀했다고 합니다.

우선 혼천의는 천체를 모형으로 만들어 놓고 태양과 달 그리고 별 사이의 위치와 거리를 측정할 수 있었는데, 주로 실내에서 천문시계와 교육용으로 사용했습니다. 흠경각에 있던 옥루에도 혼천의가 설치되어 있었다고 하며, 실제로 별자리 관측은 경회루 북쪽 담 안에서 간의대를 설치하고 그 위에서 간의를 설치했습니다. 간의는 사람의 눈으로 별자리를 관측해야 하는 한계가 있긴 했지만 매우 실용적이어서 중요한 천문 관측기구였습니다.

혼천의(1871년 제작), 국립중앙박물관 소장 　복원된 간의, 세종대왕릉 야외전시장 전시

조선에서는 1432년(세종 14년) 이천과 장영실에게 간의를 나무로 만들게 하였다가 성공하자 구리로 다시 만들어 설치합니다. 그리고 간의를 통해 천체를 관측하고 조선의 역법을 연구하다 드디어 1443년(세종 25년) 조선의 역법인《칠정산내외편》을 편찬하게 됩니다. 《칠정산내외편》을 편찬하게 된 바탕에는 정초와 정인지 그리고 이순지와 같은 학자들의 끊임없는 연구와 노력도 있었지만, 간의와 같은 정밀한 기계를 만들어 이론을 뒷받침할 수 있도록 한 장영실과 같은 기술자의 능력이 있었기 때문에 가능했습니다.

생의 끝을 알 수 없는 장영실

세종의 백성에 대한 사랑은 무궁무진했습니다. 한자를 모르는 백성의 어려움을 해결하고자《훈민정음》을 창제한 것만으로도 세종의 업적은 최고일 수 밖에 없습니다. 세종은《농사직설》을 편찬하여 조선의 토지에 알맞은 농경법을 보급하기도 했으며 천문 과학 기술을 발전시켜 농사에 도움을 주었습니다. 아래의 보루각을 쓴 예문관 검열 김빈의 글처럼 지극한 어진 세종의 마음은 지금 우리에게도 고스란히 전해지고 있습니다.

> "아아, 이미 수시력(授時曆)을 교정하고, 또 하늘을 관측하는 그릇을 만들어, 위로는 천시를 받들고 아래로는 민사에 부지런하시니 우리 전하께서 물건을 만들어 일에 힘쓰게 하는 지극한 어지심과, 농사에 힘쓰고 근본을 중히 여기는 지극한 뜻은 실로 우리 동방에 일찍이 없었던 거룩한 일이니, 장차 높은 대와 더불어 무궁토록 함께 전할 것이다."
>
> 《세종실록》 77권, 세종 19년 4월 15일 기록 중에서(1437년)

　하지만 안타깝게도 장영실에 대한 기록은 1442년(세종 24년)까지밖에 남아 있지 않습니다. 그 이유는 1442년(세종 24년)에 장영실이 감독한 임금의 가마가 부러지고 허물어지는 사건이 발생합니다. 다행히도 세종이 탔을 때 일어난 일이 아니긴 했지만, 사헌부에선 불경으로 다스려야 한다고 상소를 올립니다. 하지만 세종은 죄로 다스리는 것에 대해 주저합니다. 왜 그렇지 않았겠습니까? 비록 가마가 부서지는 큰일이 벌어지긴 했지만, 그동안 세종이 추진하는 프로젝트의 천문기구들을 만들었던 장영실이었으니까요.

　하지만 임금의 가마가 부서지는 건 작은 일이 아니었습니다. 의금부에서 다시 곤장을 치고 관직을 빼앗으라 독촉을 합니다. 세종은 결국 장영실에게는 두 등급을 감형하여 곤장 80대를 치도록 합니다. 그리고 이후 장영실이 어떻게 되었는지 더는 역사에 등장하지 않습니다.

아마도 이때 장영실의 나이가 환갑이 조금 넘었던 때인지라 건강상의 이유로 더는 관직에 나오지 못했을 수 있습니다. 왜냐하면 이때 연루되었던 다른 사람들은 대부분 다시 관직으로 돌아왔기 때문입니다. 하지만 이것은 추측일 뿐입니다. 정말 장영실은 어떻게 되었을까요? 역사를 공부하다 보면 뭔가 끝맺음이 제대로 이뤄지지 않아 답답할 때가 있습니다. 바로 지금과 같은 순간이지 않나 싶습니다.

하지만 우리는 역사 속에서 그 이름을 똑똑히 기억합니다. 세종과 장영실 사이의 의로움이 아니었다면 동래현 관노로 태어난 장영실이 종3품 대호군까지 오를 일도, 조선의 빛나는 과학 유산도 없었을지 모릅니다. 백성의 행복한 삶을 위해 정치를 펼쳤고, 신분을 생각지 않고 인재를 등용했던 세종의 안목, 그리고 그 안에서 자신의 재주와 재능을 펼치며 백성을 위한 기술을 발전시키는 데 최선을 다한 장영실. 우리가 기억해야 할 두 사람의 모습입니다.

걸으며 읽는 🐾
역사 이야기

국립한글박물관 둘러보기

세종대왕 하면 가장 먼저 떠오르는 건 '한글'입니다. 여러분도 잘 알다시피 한글은 1443년 세종이 만든 '훈민정음'을 가리킵니다. 한글이 창제되었을 땐 '언문(諺文)'이라 낮추어 불리기도 했고, 고종 때는 '국문(國文)'으로 불리었으며, 일제강점기에는 '조선문(朝鮮文)'과 '선문(鮮文)'이라 불리기도 했습니다. 일제강점기 주시경 선생과 제자들 중심으로 '한글'이라 부르기 시작했는데, 1920년대 후반엔 〈한글〉이란 잡지를 통해 많은 사람이 '한글'이라 불렀습니다. 한글과 관련된 다양한 자료를 볼 수 있는 곳이 있습니다. 바로 국립한국박물관입니다.

세종은 백성을 위해 과학 기구를 발명했을뿐만 아니라 글자를 창제했습니다. '나랏말이 중국과 달라 문자와 서로 통하지 아니하므로, 우매한 백성들이 말하고 싶은 것이 있어도 마침내 제 뜻을 잘 표현하지 못하는 사람이 많다. 내 이를 딱하게 여기어 새로 28자(字)를 만들었으니, 사람들로 하여금 쉬 익히어 날마다 쓰는 데 편하게 할 뿐이다.'라고 《세종실록》에 기록되어 있습니다.

한글 창제 전까지 '이두(吏讀)[57]'나 '구결(口訣)[58]' 등 한자를 응용하기는 했지만, 여전히 한자를 어느 정도 알아야지만 글자를 읽을 수 있었습니다. 그렇다 보니 글자를 배우고 익힐 수 없었던 백성들은 전염병과 같은 나라의 중요한 안내에 대해 알 수 없었습니다. 게다가 세종 대에 편찬한 실용적인 책의 내용도 알 수 없어 지식을 익히기 또한 어려웠습니다.

세종은 훈민정음의 보급을 위해 삼국 시대부터 백성에게 널리 퍼져 있던 종교인 불교를 이용했습니다. 한문으로 된 불경을 훈민정음으로 번역해 백성들이 읽도록 한 겁니다. 그때 간행된 불교 관련 책들로는 《능엄경》, 《법화경》, 《원각경》 등이 있습니다. 물론 이후엔 유교의 나라 조선인 만큼 《소학언해》, 《논어》, 《맹자》와 같은 책들도 번역하였습니다.

---

57. 한자의 음과 뜻을 빌려 우리말을 옮겨 쓴 것
58. 한자 사이사이에 독해를 위해 삽입되는 우리말 요소

유가사지론, 국립한글박물관 소장
한자 옆에 간략한 한자 형태의 글자인 '구결
(口訣)'로 우리말 조사나 어미 등의 문법 요소
를 나타내었다.

《훈민정음 언해본》(1568년), 국립한글박물관 소장
한문으로 쓴 '훈민정음' 중 세종이 쓴 서문과
새 글자 모양 및 발음을 설명한 '예의' 부분을
우리말로 풀이한 책이다. '나랏말싸미 중국에
달아'라는 문장으로 시작한다.

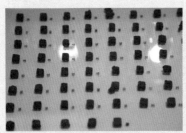

을유자(1465년), 국립한글박물관 소장
인사동에서 출토된 활자로 세조가 종로에
'원각사' 라는 절을 짓고 불경을 간행할 때 만
든 글자다. '숩' 과 같은 반치음 'ㅿ' 나 'ㅺ'
과 같은 합용병서가 쓰인 것을 볼 수 있다.

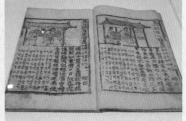

《부모은중경언해》, 국립한글박물관 소장
부처가 부모의 은혜에 대해 설명한 것을, 한
문 원문을 먼저 싣고 그에 대한 한국어 번역
문을 실은 책이다. 그림도 넣어서 글자를 몰
라도 내용을 이해할 수 있도록 했다.

훈민정음이 처음 창제되었을 땐 사대부를 중심으로 사용을 반대하기도 했지만, 훗날 왕부터 노비에 이르기까지 신분과 관계없이 한글을 사용했습니다. 정조가 외숙모에게 혜경궁 홍씨 환갑잔치에 초대하는 편지를 쓰기도 하고, 양반이 노비 '기축'에게 토지세를 내라고 재촉하기도 합니다. 소송과 관련된 문서에서도 한글을 쓴 흔적을 찾아볼 수 있습니다. 그 밖에 시집에서 쫓겨난 며느리의 유서와 김대백이 이생원에게 딸을 담보로 15냥을 빌리는 증서에도 한글이 남아 있습니다.

《정조 어필 한글 편지첩》 중 일부, 국립한글박물관 소장
정조가 외숙모에게 보낸 편지다. 정조는 4~5세부터 한글을 배웠고 어릴 때부터 외숙모에게 한글로 편지를 보내곤 했다.

〈김대백 수기〉, 국립한글박물관 소장
김대백이 아내의 장례를 치르기 위해 딸을 담보로 15냥을 빌린 증서다. 총 3개의 문서로 되어 있는데, 두 번째 문서에는 돈 값을 길이 없자 15냥을 더 받고 딸과 그 자손까지도 파는 내용이 실려 있다.

정조가 한글로
편지를 썼다니!

《규합총서》, 국립한글박물관 소장
조선 시대 여성 실학자 빙허각 이씨가 부녀자
들을 위해 지은 생활지침서이다.

《사민필지》, 국립한글박물관 소장
미국 선교사 힐버트가 한글로 쓴 세계지리 교과
서다. 서문에는 한글의 우수성을 밝히고 있다.

한글은 조선 사람들 모두의 삶 속에 녹아납니다. 동치미를 잘 담
그는 법과 같은 생활 지식의 기록이나 가곡, 소설 등도 한글을 사용
했습니다. 1894년에 고종은 공문서 작성에 한글을 기본으로 사용
하라는 칙령을 내리기도 합니다. 1910년 나라를 빼앗기며 '국문(國
文)'에서 '조선어(朝鮮語)'가 되기도 했지만, 주시경을 비롯한 국어
학자들의 여러 노력으로 한글은 잊히지 않았습니다. 지금까지도 우
리는 한글로 우리의 생각과 삶을 기록하고 있습니다.

02 나이를 초월한 우정, 이황과 이이

#동경 　　　　　　　　　　　　　🔍

도산서원과 이황 초상화

자운서원과 이이 초상화

성리학의 중심인 이황과 이이

세계 여러 나라에서 화폐를 만들 때 앞면에는 대체로 위인, 정치인, 학자, 예술가 등 인물 초상을 사용합니다. 우리나라 화폐도 역시 대한민국을 대표하는 위인이 도안으로 사용되었습니다. 그렇다면 인물이 도안으로 많이 사용되는 이유는 무엇일까요? 대내외에 상징적으로 표현하기 쉽기 때문입니다. 그리고 화폐에 사용된 인물의 위엄과 훌륭한 업적이 화폐의 품위와 신뢰를 높여 주고, 화폐 사용에 있어 쉽게 기억하게 만들고 친근감을 주기 때문입니다.

여러분은 혹시 우리나라 화폐에 새겨진 인물들을 모두 아시나요? 한번 머릿속으로 생각해 보세요. 신사임당밖에 떠오르지 않는다고요? 아마도 여러분 마음속엔 5만 원밖에 없나 봅니다. 화폐 속 인물을 한번 헤아려 보도록 하지요. 우선 백 원. 우리나라 사람들이 가장 존경하는 이순신 장군이 새겨져 있지요. 그리고 오백 원은 아쉽게도 인물이 아니라 두루미가 새겨져 있습니다. 두루미가 오백 원에 그려진 이유는 두루미의 기운을 받아 무궁한 발전과 경제 도약을 기원하는 의미가 담겨 있습니다. 천 원은 이황 그리고 오천 원은 이이, 만 원은 세종대왕입니다. 화폐의 가치가 클수록 인물의 업적이 엄청 중요하다든가 인기가 제일 많다든가 생각할 수도 있지만 그렇지 않습니다. 이황과 이이는 모두 조선 중기 정치가이자 성리학자로서 조선을 위해 정치에 열심히 참여했을 뿐 아니라 조선 성리학을 발전시키는 데 큰 역할을 한 인물입니다.

화폐의 네 인물 모두 우열을 가리기 힘들 정도로 훌륭하지만, 지금까지도 우리 사회에 영향을 미치는 인물을 꼽으라면 이황과 이이라 할 수 있습니다. 조선 건국에 있어 유학자들인 신진 사대부들이 개혁 세력으로서 한 축을 담당했을 뿐 아니라 이후에도 유학으로 새로운 나라의 정신의 기틀을 마련했기 때문입니다. 유교는 지금도 일상 깊숙이 들어와 우리의 삶에 관여하고 있습니다.

이황과 이이는 동시대를 살았지만 두 번밖에 만나지 못했고, 서른다섯 살 나이 차이가 나기도 했지만 서로 존경하고 존중하며 생각을 나눴습니다. 그렇다면 과연 이황과 이이 사이에 어떤 사귐이 있었는지 지금부터 알아보도록 하지요.

선조의 스승, 이황

허엽(許曄)이 아뢰기를,

"예로부터 제왕은 훌륭한 스승을 얻어 학문을 한 뒤에야 사업이 다른 사람보다 뛰어났습니다. 이황(李滉)이 병이 있어 귀향하기는 했지만 상께서 공경을 다하고 예를 극진히 해서 스승으로 삼으려 하신다면 오게 될 것입니다."

하니, 상이 이에 따라 교서(敎書)로 이황을 특별히 불렀다.

《선조실록》 1권, 선조 즉위년 10월 16일(1567년)

허엽은 선조에게 이황을 스승으로 모시라고 청합니다. 얼마나 대단하기에 갓 임금의 자리에 오른 선조에게 이황을 스승으로 추천할 수 있었을까요?

조선 중기는 사화의 시대였습니다. 조선에서 유학을 공부하던 선비들을 사림(史林)이라 불렀는데, 훈구대신[59]들에게 탄압을 받다가 많이 죽었습니다 이를 '사림의 화'라 하고 줄여서 사화(士禍)라 칭했습니다. 조선 중기에는 1498년 일어난 무오사화를 시작으로 1504년 갑자사화, 1519년 기묘사화 그리고 1545년 명종 즉위년의 을사사화까지 비극적인 사화가 이어졌습니다.

이황은 1501년에 태어났으니 사화의 한가운데 인생의 많은 부분을 보냈습니다. 이런 상황에서 이황은 벼슬과 권력을 좇기보다 학자로서 제자들을 가르치고 학문 연구에 마음을 썼습니다. 이황은 1534년 34세에 문과에 급제하면서 관직에 발을 들여놓습니다. 1539년엔 홍문관 수찬에 오르는데, 홍문관 수찬은 왕궁에 있는 책들을 관리하는 일, 임금의 물음에 답하는 일 등을 했습니다. 홍문관은 임금의 올바른 행동이란 무엇인지 자문하는 등 정치적으로 중요한 기구였다 할 수 있습니다. 대부분 정승과 판서들은 홍문관을 거쳤다고 합니다.

하지만 이황은 벼슬에 큰 뜻이 없었기 때문에 1943년 성균관 사성으로 승진하지만 여러 핑계를 구실로 중앙 관직에 나아가려 하지

---

59. 조선의 건국을 주도했던 신진 사대부를 계승한 세력으로 세조의 왕위 찬탈에 적극적으로 참여하여 정치적으로 상당한 권력을 누렸다.

않았습니다. 1548년 풍기군수로 있을 때는 백운동서원에 국가적인 지원을 요청하는 상소를 올려, 1550년 명종이 최초로 소수서원(紹修書院)이란 편액[60]을 내려주기도 합니다. 이황은 아마도 1545년 을사사화를 겪으면서 관직에 뜻을 두기보다는 학문에 전념하며 제자를 양성하기로 마음먹은 듯합니다. 명종과 선조가 자꾸만 관직을 내려줘서 무조건 안 할 수는 없고 잠깐 관직에 머물기도 하지만 다시 고향으로 내려오곤 합니다.

23세의 이이, 58세의 이황을 찾아오다

이이가 이황을 처음으로 만난 때 1558년입니다. 이이는 스물두 살에 풍천 노씨와 혼인을 하게 되는데, 노씨의 부친은 이이의 아버지 이원수의 친구로 1558년 성주 목사로 있던 노경린이었습니다. 이이는 신혼살림을 성주에 마련하고 그곳에서 학업에 정진했습니다 (조선 중기까지만 해도 장가를 가고 처가살이를 하는 것이 일반적인 풍습이었습니다).

이이가 이황을 찾아간 데에는 조선에서 알아주는 학자인 이황을 찾아가 인생의 배움을 얻고자 했던 목적이 있었으리라 생각됩니다. 이이는 신사임당이 죽고 나서 3년간 시묘살이 후 금강산에 있

---

60. 일반적으로 건축물 정면의 문과 처마·천장 사이에 건축물의 명칭을 쓴 액자

는 절로 들어가 중이 되려고 한 적도 있습니다. 그런데 유학을 공부하던 이이는 왜 절로 들어간 걸까요?

퇴계종택 사당

출가의 첫 번째 이유는 신사임당이 죽은 후 아버지의 첩이었던 권씨가 이이와 형제들을 엄청나게 괴롭혔기 때문이랍니다. 쉽게 말해 가정불화가 원인이었던 것이죠. 두 번째 이유는 아버지 이원수가 일찍부터 불경을 좋아했다는 겁니다. 아버지의 영향을 받은 이이는 금강산에 들어가기 전에 이미 불경을 어느 정도 읽었고 관심을 가졌습니다. 이이가 금강산에 들어가 중이 되려고 한 것은 가정불화와 가풍의 영향이라 할 수 있습니다.

그런데 유교의 나라였던 조선에서 성리학을 공부하는 선비가 불교 경전을 읽고, 중이 되려 했다는 것은 있을 수 없는 일이었습니다. 이이가 겨우 일곱 살이라는 나이에 읽지 않은 책이 없었을 뿐만 아니라 박학하고 문장에 능하여 사람들에게 신동이라 불렸어도, 불교에 귀의했었던 이이의 행동은 용납할 수 없었습니다. 1566년(명종 21년) 3월 24일 기록에도 나와 있지만, 성균관 유생들이 이이가 성균관에 들어와 시험 보는 것을 완강히 반대하기도 합니다.

이이가 이황을 찾아온 것은 금강산에 내려온 지 3년이 지나서였습니다. 그 사이 이이는 성주 목사였던 노경린의 딸과 결혼도 합니다. 비록 시간이 어느 정도 지나긴 했지만, 삶에 대한 궁금증이 모두 풀리지는 않았던 것 같습니다.

이이는 당대 최고의 학자였던 이황에게 자신이 온 이유를 《율곡전서》 14권에, 시로 남겼습니다.

> 시내는 수수(洙水)·사수(泗水)에서 갈려 나왔고
>
> 봉우리는 무이산(武夷山)처럼 빼어났네.
>
> 살아가는 계책은 천 권의 경전이요
>
> 나가고 들어감은 두어 칸 집이로세.
>
> 흉회는 제월(霽月, 비가 갠 날의 밝은 달)을 열어 보이는 듯
>
> 담소는 광란(狂瀾)마저도 그치게 하시네.
>
> 소자(小子)는 도를 구하고자 온 것입니다.
>
> 반나절의 한가함을 훔치러 온 게 아닙니다. [61]

이이는 시에서 소자(小子)라 표현하며 스스로를 낮추고, '도를 구하고자 온 것'이라 분명하게 찾아온 이유를 밝히고 있습니다. 이황은 오래전부터 이이의 장인이었던 노경린을 잘 알고 있었다고 합니다. 노경린은 나주 목사와 성주 목사로 있을 때 성리학을 장려하면서 천곡서원(川谷書院)을 지었는데, 이때 노경린이 이황에게 서원에 관해서 이것저것 묻기도 하며 이름도 지어 달라고 했답니다. 노경린과 이런 관계이다 보니 장가를 간 후 성주에 내려와 있던 이이가 이황을 찾았던 것은 어쩌면 당연한 순서였다 할 수 있습니다. 이이는 집을 나와 금강산에 올라 불교에서 도(道)를 구하고자 하였으

나 찾지 못하고, 다시 유학을 통해 도(道)를 얻고자 하였습니다. 이이가 이황을 찾아간 것은 당연하다 할 수 있습니다. 그런 이이를 만나 이황 또한 시 한 수를 남겼습니다.

> 젊어서 이름 날린 그대는 서울에 있고
> 늙어서 병 많은 나는 시골에 있네.
> 오늘 찾아올 줄 어찌 알았으리
> 이전의 쌓인 회포 다 털어보세나.
>
> 천재 청년을 '2월 봄'에 기쁘게 만나
> 사흘을 붙들으니 정신적으로 통한 듯
> 비는 소나기 져 시내에 가득 차고
> 눈은 구슬 꽃 만들어 나무 감싼다.
> 말 빠지는 진흙탕 가는 길 막지만
> 해 부르는 새 소리에 경물(景物, 계절의 경치)이 새롭다.
> 한두 잔 술 내 어찌 덜 채우랴
> 이로부터 나이 잊고 도의로써 더욱 친하세나.[62]

이이의 시에서는 찾아온 이유와 이황을 만났을 때의 심정이 간략하게 드러나 있다면, 이황의 시에서는 이이를 만났을 때의 감격과

61~62. 최영성, 2018, 〈퇴계 이황과 율곡 이이 두 번의 만남〉, 퇴계학논집, 23권.

즐거움 그리고 감회가 잘 드러나 있습니다. 이황은 이이에게 '천재 청년'이라든가 '나이 잊고 도의로써 더욱 친하자'는 소리를 하며 애정을 드러내고 있습니다.

서른다섯 살의 나이 차이에도 불구하고 이이와 이황은 서로를 낮추며 상대에 대한 예우와 존경을 담아 만남의 시간을 가졌습니다.

이황과 이이의 두 번째 만남

이이는 이황과 사흘을 지낸 후 강릉으로 올라가 약 5개월간 외조모를 모시며 과거 공부를 합니다. 그리고 겨울에 치러진 과거에서 장원급제합니다. 천재이긴 천재인 모양입니다. 마음먹고 공부를 하니 그 결과가 금방 나옵니다. 그런데 이이가 이때 글공부만 열심히 한 건 아닙니다. 한창의 나이에 학문의 대가를 만났으니 그 만남을 귀하게 여기고 그 인연을 더 깊이 나눴습니다. 안동에 있는 이황과 수시로 서신을 교환합니다. 강릉과 안동이다 보니 서신의 오고감이 그리 쉽지는 않았습니다. 한 번에 두 통의 서신이 이황에게 전해지기도 하고, 이황은 편지를 전달할 이를 찾지 못해 즉시 답하지 못하기도 합니다.

사랑하다 보면 대답을 듣기도 전에 또 내 맘을 전하기도 하지요? 이황과 이이도 그랬답니다. 숙종 대에 좌의정을 지낸 박세채가 엮은 《율곡연보》를 보면 서신의 주요 내용은 《대학(大學)》이란 유교 경전의 내용을 하나하나 짚으며 정치란 어떠해야 하는가에 대해 서로의 생각이었다고 합니다. 학문을 탐구하며 주장과 반박 등으로 서신을 채웠는데, 간혹 이이에 대한 이황의 염려와 격려도 담겼다고 합니다.

이황과 이이는 1558년부터 이황이 죽는 1570년까지 서신을 교류했습니다. 이황이 이이에게 보낸 편지 8통이 《퇴계문집》에 기록되었고, 이이가 보

《율곡전서》,
한국학중앙연구원 소장

낸 편지 5통이《율곡전서》에 남아 있습니다. 생각보다 편지의 양이 적은데 아무래도 모든 편지가 남지 않아서 그런 것 같습니다.

이황과 이이는 잠시 벼슬을 함께하기도 했습니다. 이황이 벼슬을 그만두고 고향으로 내려간 것이 1555년 2월인데, 십여 년 동안 명종의 여러 요청에도 불구하고 벼슬에 나오지 않습니다.[63] 그러다 1567년 이황은 명종의 간절한 요청에 감격하여 조정에 다시 나오기로 하고 안동에서 서울로 올라옵니다. 그런데 명종과 이황의 인연은 닿지 않았나 봅니다. 이황이 서울에 올라와 조정에 나오기를

---

63. 1555년 3월부터 명종은 이황을 조정에 다시 나오게 하려고 공조판서, 예문관 대제학 등 높은 벼슬을 주기도 하고, 아프다고 하는 이황에게 안동까지 어의를 내려보내 약을 지어주기도 했다. 명종은 이황을 아끼는 마음을 내비치고자 이황이 사는 도산을 화원에게 그려 오도록 해 옆에 두고 보기도 했다. 이황이 살았던 안동시 도산면 백운로 퇴계종택에는 지금도 후손들이 살고 있다.

잠시 준비하던 며칠 사이에 명종이 승하하고 맙니다. 선조는 1567년(즉위년) 7월 이황에게 명종의 행장을 수찬하게 하고 예조판서 겸 동지경연춘추관사로 삼습니다. 하지만 이황은 지병을 이유로 8월에 벼슬을 그만두고 다시 고향으로 돌아갑니다. 1567년 서울에 올라와 있던 6월부터 8월까지 두 달 남짓이 이이와의 두 번째 만남의 기간이자 함께 벼슬살이 했던 유일한 때입니다.

《율곡전서》에 보면 이때 이황이 고향으로 내려가려 하자 이이가 찾아와 어린 임금이 즉위하여 나랏일이 어려운데 어딜 가시냐고 조정에 남아달라 했다고 합니다. 하지만 이황은 명종의 승하와 선조의 즉위 등이 있지만 본인의 몸이 병들었기에 내려갈 수밖에 없다며 고향으로 돌아갑니다. 1568년 7월 이황은 선조의 부름에 다시 조정에 잠깐 나오는데, 안타깝게도 이때는 이이가 서장관으로 북경에 갔던 때라 함께 조정에 있지는 않았습니다. 역사에서 '만약에'라는 말이 의미 없긴 하지만 이황과 이이가 함께 벼슬을 하며 조정을 이끌었다면 하는 아쉬움이 남습니다. 조선 성리학이 더 발전할 수도 있었을 테고, 동인과 서인으로 갈렸던 조정이 이황의 연륜과 이이의 개혁 정책이 맞물려 안정을 찾을 수 있지 않았을까 싶습니다.

《성학십도》[64]와 《성학집요》[65]

이황과 이이의 첫 번째 만남 이후 두 사람의 학문적 교류는 이황이 갓 즉위한 선조에게 올린《성학십도》와 이이가 선조에게 올린《성학집요》라는 결과로 남습니다. 성학(聖學)은 쉽게 말하면 공자와 맹자로 대표되는 유교 성인의 가르침을 지향하는 것으로 임금에게는 성왕(聖王)이 되기 위한 학문이라 할 수 있습니다.

《성학십도》는 이황이 열일곱 살의 나이로 왕위에 오른 선조에게 올린 글로 백성들에게 선정(善政)을 베풀기를 바라는 마음을 담아 썼습니다.《성학십도》는 이 글을 쓰게 된 이유를 밝힌《진성학십도차》와 열 개의 도표로 구성되어 있습니다. 이황은 옛 성현들의 글 중에서 도표와 관련된 적절한 내용을 찾아 인용한 뒤 자신의 생각을 적어 놓았습니다. 10개의 도표 중에서 3개는 이황이 그렸는데, 그중에서

《성학십도》중 첫 번째(왼쪽)와《성학집요》(오른쪽), 한국학중앙연구원 소장

64.《성학십도》는 이황이 선조가 성군이 되기를 바라는 뜻에서 군왕의 도(道)에 관한 학문의 요체를 도식으로 설명한 것이다.
65.《성학집요》는 조선 전기 문신·학자 이이가 제왕의 학을 위하여 1575년에 저술한 정치서이다.

도 여섯 번째인 〈심통성정도(心統性情圖)〉[66]는 중국 원나라의 학자인 정복심(程復心)의 도표를 상단에 그리고 중단과 하단은 이황이 사단칠정과 이기의 내용을 도표로 첨가한 겁니다. 사단칠정과 이기[67] 내용에는 학문을 통해 성인이 되는 것을 목적으로 삼은 이황의 뜻이 드러나 있습니다. 이황 학문의 결정체인 《성학십도》를 선조는 병풍으로 만들어 좌우에 두고 수시로 보았다는 기록이 있습니다.

《성학집요》는 이이가 홍문관 부제학으로 있을 때인 1575년 《대학(大學)》을 중심으로 사서와 육경[68]중에서 중요한 내용을 골라 간략하게 정리한 책입니다. 모두 5편으로 이뤄졌는데, 수기(修己)에서 치인(治人)을 순서로 임금이 행해야 할 바를 정리했습니다. 물론 《성학집요》는 학문의 중요한 내용을 정리했기 때문에 임금뿐 아니라 선비들도 읽는다면 학문의 많은 성취를 기대할 수 있다 했습니다. 특히 4편인 '위정(爲政)'은 치국평천하(治國平天下)에 대해 정리했습니다.

이이의 《성학집요》을 본 선조는 '나라를 다스림에 도움은 되겠으나 본인이 어리석고 둔하여 행하지 못할까 염려가 된다.' 말하기도

---

66. 인간의 심(心), 성(性), 정(情)에 관한 것을 그림으로 설명했다.
67. 인간의 네 가지 본성에서 우러나오는 마음[情]과 일곱 가지 감정[情]을 가리키는 유교 용어다. 사단은 측은지심(惻隱之心), 수오지심(羞惡之心), 사양지심(辭讓之心), 시비지심(是非之心)의 네 가지 마음이고, 칠정은 희(喜), 노(怒), 애(哀), 구(懼), 애(愛), 오(惡), 욕(欲)의 일곱 가지 감정이다. 이기는 이(理)와 기(氣)의 관계를 통해 우주와 인간의 존재 구조와 그 생성 근원을 유기적으로 설명하는 성리학 이론이다.
68. 사서는 《논어》, 《맹자》, 《대학》, 《중용》이며, 육경은 《시경》, 《상서》, 《예기》, 《역경》, 《악경》, 《춘추》다.

합니다. 하지만 선조의 마음에 썩 들지는 않았나 봅니다. 아무래도 임금으로서 행해야 할 바를 정리한 글이다 보니 선조 처지에서는 《성학집요》에 나오는 대로 못 한다는 부담감이 있었겠지요.

그래서 그런지 이이의 졸기(卒記)[69]에 따르면 선조가 '견제했다.'는 말이 나옵니다. 《선조실록》에 보면 1576년(선조 9년) 이이가 사직 상소를 올리고 고향으로 돌아가려 하자 좌의정 박순 등이 선조에게 귀향하지 못하도록 막으라고 권하는데도 그 말을 따르지 않습니다. 한술 더 떠 선조는 "그가 교격(矯激)[70]스러운 것 같으니 인격이 성숙된 뒤에 쓰는 것도 해로울 것이 없겠다. 그리고 그가 나를 섬기려 하지 않는데 어떻게 그의 뜻을 꺾을 수 있겠는가?"라고 합니다. 이이에 대한 선조의 마음을 엿볼 수 있는 대목입니다.

몇 년 지나지 않아 조정의 어려움에 이이의 능력이 필요하게 되었고, 1580년(선조 13년) 이이는 선조의 부름으로 다시 조정에 나옵니다. 이때부터 선조와 이이는 '다시 뜻이 일치되어 은총과 신임이 바야흐로 두터워' 집니다. 선조는 이이를 최고의 신하로 여기며 병조판서와 이조판서 등의 버슬을 내어주며 중용합니다.

이황의 졸(卒)과 이이의 추모

이황은 1570년에 졸(卒)하는데, 아래의 졸기를 읽다 보면 죽음을

---

69. 사관이 망자에 대한 세간의 혹은 자신의 평가를 서술한 글이다.
70. 짐짓 정직한 체함. 일부러 보통과 다른 행동을 함.

이황의 묘   이황의 묘비 탑본

맞이하는 이황의 마음과 성품 그리고 선조의 존중 등을 엿볼 수 있습니다.

숭정 대부(崇政大夫) 판중추부사(判中樞府事) 이황(李滉)이 졸(卒)하였다. 그에게 영의정(領議政)을 추증하도록 명하고 부의(賻儀)와 장제(葬祭)를 예(禮)대로 내렸다.

이황이 향리에 돌아가 누차 상소하여 연로하므로 치사(致仕)할 것을 빌었으나 허락하지 않았다. 이때 병이 들었는데 아들 준(寯)에게 경계하기를, "내가 죽으면 해조(該曹)가 틀림없이 관례에 따라 예장(禮葬)을 하도록 청할 것인데, 너는 모름지기 나의 유령(遺令)이라 칭하고 상소를 올려 끝까지 사양하라. 그리고 묘도(墓道)에도 비갈(碑碣)을 세우지 말고 작은 돌의 전면에 '퇴도만은진성이공지묘(退陶晚隱眞城李公之墓)'라고 쓰고, 그 후면에 내가 지어둔 명문(銘文)을 새기라." 하였다. 그로부터 며칠 후 죽었는데 준이 두 번이나 상소하여 예장[71]을 사양하였으나, 허락하지 않았다.

선조 3년 12월 1일(1570년) 이황의 졸기 중에서

　이황은 고상한 뜻과 차분한 마음을 가지고 있었다고 합니다. 그래서인지 자신이 죽으면 조정에서 장례를 치를 것을 예견하고 상소를 올려 끝까지 사양하라 합니다. 이황이 조용히 앉아 죽음을 맞았을 때 유언에 따라 아들 이준은 상소를 올려 간소하게 장례를 치르려고 합니다. 하지만 선조는 끝내 이를 허락하지 않았고, 조정에서 장례를 치르게 합니다. 다만 묘비는 이황의 유언대로 앞면에 '퇴도만은진성이공지묘(退陶晚隱眞城李公之墓)'라 새겨 넣었습니다. 이황의 졸기에는 깨끗한 성품과 관련하여 일화가 하나 소개되어 있습니다. 서울에 세를 들어 살 때 이웃집의 밤나무 가지가 담장을 넘어와 알밤이 떨어지곤 했는데, 혹여나 집안의 아이가 그 밤을 주워 먹을까 주워서 이웃집으로 던지곤 했다 합니다. 담박하고 깨끗한 이황의 성품을 알 수 있는 대목입니다. 이황은 죽어서 영의정으로 추증되었고, 선조 임금은 이황에게 '문순(文純)'이란 시호를 내려줍니다.

　이이는 이황이 죽었을 때 요양차 황해도 해주 야두촌에 내려가 있었습니다. 그러다 보니 이황의 죽음에 대한 소식을 듣고도 가보지는 못합니다. 물론 가보려 했어도 해주에서 안동까지 가려면 족히 여러 날이 걸려 아마 장례를 모두 치르고 난 이후에나 도착했을 겁니다.

---

71. 국가에서 예를 갖추어 장례를 지내주는 것

PART 2 | 우정의 법칙　119

이이는 이황의 위패를 만들어 곡을 했으며, 흰 허리띠를 두르고 바깥방에서 거처했습니다. 스승의 죽음을 대하듯 예를 다하여 슬퍼했습니다. 그리고 1572년 죽은 지 두 해 만에 드리는 제사에 동생 이우를 보내 이황의 위패[72] 앞에 애도하는 글을 보내기도 합니다.

이황과 이이는 비록 십여 년을 알고 지내기는 했지만, 만난 횟수도 그리 많지 않고 서신 왕래를 아주 많이 했던 것도 아니었습니다. 게다가 나이도 서른다섯 살이나 차이가 나서 과연 마음을 터놓고 사귈 수 있었을까 하는 의구심이 들기도 합니다.

문순(文純)과 문성(文成) 시호를 받은 이황과 이이는 보통 사람들과 달랐습니다. 이황과 이이는 서로를 존중하고, 학문에 있어 서로 배움의 길잡이가 되어 주기도 했습니다. 옛 성인들의 사귐에서 만남의 횟수가 그리 중요하지 않았습니다. 하룻밤을 만나도 서로의 뜻이 통하면 벗으로서 자신의 모든 것을 내어주는 그런 모습을 보였습니다. 이황과 이이의 관계는 사제지간이자 벗이자 동료였습니다.

---

72. 죽은 사람의 이름과 죽은 날짜를 적은 나무패로 혼을 대신하는 것으로 여긴다.

걸으며 읽는
역사 이야기

도산서원 알아보기

도산서원

도산서원은 크게 아래쪽의 도산서당 영역과 위쪽의 도산서원 영역으로 나뉩니다. 서원은 다시 강학공간과 제향공간으로 구분할 수 있습니다. 특히나 도산서당은 퇴계 선생이 손수 지은 것으로 퇴계 선생의 건축에 대한 미학적 관점을 읽을 수 있습니다. 그런 점에서 서원보다 더 꼼꼼히 둘러보면 좋습니다.

도산서원 정문으로 들어서면 왼쪽으로는 농운정사, 하고직사, 욱

직간, 역락재가 있고 오른쪽으로 도산서당이 있습니다. 도산서원 옆에 있는 언덕에 올라 바라보면, 정문에서 서원의 진도문까지 왼쪽으로는 담장이 있고, 도산서당 또한 담으로 둘러쳐져 있어 도산서원의 전체적인 공간 배치에서 도산서당은 마치 독립된 공간처럼 느껴집니다.

• 도산서당

도산서당은 모두 3칸으로 되어 있는데, 서쪽 1칸은 골방이 딸린 부엌이고, 중앙의 1칸은 퇴계가 거처하던 온돌방인 완락재며, 동쪽 1칸은 마루

도산서당

인 암서헌입니다. 한 채의 작은 건물에 이름만 여러 개를 두었습니다. 동쪽 마루 위로는 눈썹지붕을 둔 것이 특이합니다.

'재'를 서쪽에 두고 '헌'을 동쪽에 둔 것은 나무와 꽃을 심은 뜰을 마주하여 그 아름다움을 감상하기 위함입니다. 도산서당 아래에는 맑은 물이 솟아나는 몽천이 있고, 앞마당에는 연꽃을 심은 정우당이라는 연못이 있고, 동쪽 언덕엔 매화, 대나무, 국화, 소나무 등이 있습니다. 이 화단을 '절우사(節友社)'라고 이름을 지었습니다. 이

렇듯 도산서당은 외로운 건물이 아닌 자연 차용으로 풍족한 건물이 되었습니다. 퇴계 선생의 마음이 성현의 말씀뿐 아니라 자연의 기개와 아름다움으로 가득했던 모양입니다.

도산서당에는 퇴계 선생이 사랑한 매화가 많습니다. 매화와 같은 기개와 지조가 있는 선비여서 그렇기도 하겠지만 관기 두향을 생각하는 마음 때문일지도 모릅니다.

퇴계 선생에 관한 유명한 일화가 있습니다. 단양군수 시절 관기 두향과 매화에 얽힌 일화입니다. 지조 있는 어른인지라 두향은 퇴계 선생의 마음을 얻지 못해 애간장이 녹습니다. 퇴계 선생이 매화를 좋아한다는 것을 알고는 조선 천지를 뒤져 마침내 고매 한 그루를 찾아내 퇴계 선생에게 바친 이후 퇴계 선생의 마음을 얻었다고 합니다. 퇴계 선생이 새 임지로 떠난 뒤에는 도산으로 그 매화가 옮겨졌다고 합니다. 단양에 홀로 남았던 두향은 퇴계 선생의 부음을 듣고 앉은 채로 숨이 멎었다고 전해집니다.

◆ 농운정사

도산서당 왼쪽으로는 제자들이 거처하는 농운정사가 있습니다. 정면으로 4칸, 측면으로 2칸 모두 8칸으로 지은 공(工)자형 건물이지만, 실제로는 가운데 2칸이 없기 때문에 가운데 4칸과 측면 각 1칸씩 모두 6칸입니다. 농운정사는 공(工)자 형태이기 때문에 뒷방에 햇빛이 다다르지 않는 문제가 있었습니다. 그럼에도 퇴계 선생이 공(工)자 형태로 지은 것은 공부(工夫)를 위한 마음을 담았기 때문입니다. 농운정사의 대단함은 창문에 있습니다.

농운정사

대개의 건물이 같은 크기와 위치에 창문을 내는 데 반해 농운정사는 방마다 창문의 위치와 크기가 제각각 다릅니다. 위치와 크기를 같게 했다면 통일미도 있고 짓는 것도 더 쉬웠을 텐데 이렇게 만든 것은 학문의 길이 제각각임을 나타낸 것은 아닌가 싶습니다. 농운정사의 가운데 4칸은 지숙료(止宿寮, 잠자는 공간), 서쪽 1칸은 관란헌(觀瀾軒, 물결이 주는 교훈을 공부하라), 동쪽 1칸은 시습재(時習齋, 배우고 익히면 즐겁지 아니한가)라고 이름을 지었습니다. 특별히 '지숙료'라는 이름은 주자가 손님과 벗을 위해 만든 방에서 가져왔습니다.

• 전교당

도산서원 진도문을 들어서면 다른 서원과 마찬가지로 강학당(전

전교당(일제강점기 때 사진, 왼쪽), 상덕사(일제강점기 때 사진, 가운데), 장판각(오른쪽)

교당)과 동재(박약재), 서재(홍의재)가 나옵니다. 이후 모든 서원의
배치는 병산서원과 비슷합니다. 다만 사당인 상덕사 왼쪽으로 전사
청이 있고 오른쪽으로 비스듬히 장판각이 있어 다른 서원과 반대입
니다.

03 지음지기 정선과 이병연,
그림과 시로 마음을 나누다

#우정 🔍

그림 속에 들어가
쉬고 싶다.

시를 절로 지을 수
있을 것 같아.

〈백운동〉 중 일부, 《장동팔경첩》 중에서, 정선, 1755년경, 종이에 엷게 채색,
33.2×29.5cm, 국립중앙박물관 소장

찬란한 우리 문화의 꽃, 진경 문화

우리 미술사를 살펴볼 때 숙종 연간부터 정조까지의 시기를 '진경 시대'라 합니다. '진경(眞景)' 하면 떠오르는 인물이 있지요. 바로 우리나라 미술사에서 '화성(畫聖, 그림의 성인)'이라 불리는 겸재 정선입니다. 정선은 이전까지 중국의 산수를 따라 그리던 관습에서 벗어나 우리나라 자연의 아름다움을 그리는 '진경산수화(眞景山水畫)[73]'를 만들었습니다. 그런데 여기서 '진경'은 '실경'과 다른 말입니다. 정선은 우리나라의 명승지를 여행하고 있는 그대로의 모습 즉 실경(實景)을 그대로 그리지 않았습니다. 눈앞에 보이는 것을 자신의 감흥에 따라 실경에 변화를 주며 자신의 붓놀림으로 대담하게 표현했습니다. 어쩌면 진짜 풍경화는 그대로 똑같이 그려 낸 것이 아니라 이렇듯 마음에 남은 인상을 표현한 그림일지도 모릅니다.

그런데 이런 '진경(眞景)'에 대한 생각은 그림에만 한정된 것이 아니었습니다. 가령 선조 대에 이황이 주자 성리학을 완벽하게 이해하고 계승 발전시켰다면, 이이는 조선 성리학을 완성합니다. 즉 진경이란 그동안 명나라를 중심에 두고 문화를 받아들이던 것에서 벗어나 조선만의 고유함을 찾아가고자 했던 학문과 문화예술 모든 분야의 운동이자 흐름이라 할 수 있습니다. 이런 흐름 속에서 1580년 강원도 관찰사였던 송강 정철은 관동지방의 아름다움을 한글 가

---

73. 조선 후기에 유행한 화풍으로, 우리나라의 산천을 직접 보고 그렸다.

〈내연산 삼용추〉[74], 정선, 1734년경, 44.5×35cm, 국립중앙박물관 소장

사문학인 '관동별곡'으로 노래하였고, 글씨로 유명했던 석봉 한호는 사자관[75]이 되어 독특한 '석봉체'를 만들었습니다. 이후 숙종 대에 이르러 다시 이이의 학맥을 이은 노론이 집권하면서 그림과 시에서도 '진경'의 성취를 이루고자 하는데, 그 중심에는 삼연 김창흡이 있었습니다. 김창흡은 병자호란 당시 청나라에 강경했던 김상헌의 증손자로 아버지는 숙종 대에 영의정을 지낸 김수항입니다. 김창흡은 학문과 문장으로 명성이 드높기도 했지만, 관직에 나가기보다는 우리나라 명승지를 친구들과 여행하며 시 짓는 것을 좋아했습니다. 김창흡은 "시는 명산과 대천에 있다."라는 시론을 내세웠는데, 이런 시론에 따라 시를 지은 이가 이병연이고, 그림으로 완성한이가 정선입니다. 이병연과 정선은 지음지기(知音知己)로 시와 그림을 나누며 진경 문화를 이끌어 갑니다.

정선과 이병연은 누구인가?

정선과 이병연은 서울 백악산 아래에 가까이 살면서 장동(壯洞)

---

74. 내연산 삼용추는 정선이 현감으로 있던 경북 청하현에서 2.5km 정도 떨어진 곳에 있는데 12개의 폭포로 유명하다. 〈내연산 삼용추〉는 아래에서부터 무풍폭포, 관음폭포, 연산폭포를 묘사한 그림이다. 정선은 이 그림에서 바위를 수직으로 쭉쭉 내려 그은 독특한 '수직준'으로 우리의 자연을 묘사했다.
75. 조선 시대 승문원과 규장각에 소속된 관원으로 글씨 잘 쓰는 문신을 임명했는데, 석봉 한호가 그 시작이었다.

〈독서여가도〉[76], 《경교명승첩》 중에서, 정선, 1740~1741년경,
비단에 채색, 24×16.9㎝, 간송미술관 소장

에 있는 김창협, 김창흡 형제의 집을 드나들면서 학문을 익혔다고
합니다.

　정선은 1676년에 태어났는데, 이병연은 정선보다 5년 이른 1671
년에 태어났습니다. 다섯 살 차이가 나긴 하지만 같은 스승 아래에
서 학문을 익히다 보니 친구로 지냈습니다. 정선과 이병연 모두 과
거를 통해 관직에 오르지는 못합니다. 정선은 천거로 관상감(觀象
監) 겸교수(兼敎授)로 출사했고, 이병연은 음사[77](蔭仕)로 관리가

---

76. 〈독서여가도〉 속 인물은 정선이라고 한다. 정선은 52세에 인왕산 아래로 이사해서 살았는
데, 현재 경복고등학교 교내에 집터가 있다.

되었습니다.

정선은 학문보다는 그림으로 명성이 높았기에 학문을 중시하던 당시 사회에서 쉽지 않은 관직 생활을 했습니다. 1729년(영조 5년)의 기록을 보면 '의금부 도사 정선(鄭歚)과 조동정(趙東鼎)은 다 같이 잡기(雜技)를 가지고 발신(發身)한 사람으로 모두가 이력(履歷)이 모자라고 또한 명칭(名稱)도 없으니, 둘 다 도태하여 버리도록 명하시기 바랍니다.'라는 기록이 나옵니다. 또 1754년(영조 30년) 실록의 기록을 보면 정언 정술조가 '사도 첨정(司䆃僉正) 정선(鄭歚)은 천기(賤技)로 이름을 얻고 잡로(雜路)로 몸이 뽑히어 전후의 이력은 이미 지나치고 외람한 것이 많은데, 이번에 새로 제수된 것은 더욱이 터무니없으니, 청컨대 정선을 태거(汰去)하소서.'라고 직언하기도 합니다.

조선 시대에는 그림을 잘 그리는 사람을 귀히 여기기보다는 '환쟁이'라고 부르며 천시하던 문화가 있었습니다. 아무래도 학문보다는 '그림'에 뜻을 두었던 정선에게는 당연한 지적이라 할 수 있습니다. 그래도 정선은 꿋꿋이 잘 이겨낸 듯합니다. 그리고 영조도 정선을 귀히 여긴 듯싶습니다. 1755년엔 인원왕후의 예순아홉 살 생일을 기념하여 70세 이상 관리에게 벼슬을 1품 올려 주는데, 정선을 종3품 첨지중추부사에 제수했으니까요. 영조는 1756년엔 인원왕후 칠순으로 다시 70세 이상 관리에게 1품의 벼슬을 올려줍니다.

---

77. 문음(門蔭), 음사(蔭仕), 음직(蔭職)라고도 하는데, 높은 벼슬을 한 자의 자손들이 과거를 보지 않고 관직에 나아가는 것을 말한다.

덕분에 정선은 종2품 동지중추부사로 오르게 되는데, 이때는 2품 이상은 중조할아버지까지 벼슬을 내려주는 법에 따라 아버지는 호조참판, 할아버지는 좌승지, 증조할아버지는 사복시정이 됩니다. 정선은 나이 말년에 그 복이 최고조에 이릅니다.

이병연도 정선과 마찬가지로 《영조실록》에 두 번 나옵니다. 한 번은 한성부우윤으로 관직을 제수받으면서이고 다른 한 번은 죽은 이후입니다.

> 한성 우윤 이병연(李秉淵)이 졸(卒)하였다. 이병연의 자(字)는 일원(一源)으로 한산(韓山) 사람이며, 호(號)는 사천(槎川)이다. 성품이 맑고 드넓었으며, 어려서 김창흡(金昌翕)을 종유(從遊)하였다. 지은 시(詩)가 수만 수(首)인데, 그의 시는 강건하고 웅장하여 이따금 옛것을 압도함이 있어, 세상에서 시를 배우려는 많은 자들이 본보기로 삼았다. 음사(蔭仕)로 벼슬길에 나와 아경[78](亞卿)에 이르러 그쳤다.
>
> 《영조실록》 73권, 영조 27년 윤5월 29일(1751년)

이를 살펴보면, 이병연은 음사로 한성부우윤을 지냈으며 김창흡의 제자로 시를 수만 수나 지었다고 합니다. 졸기 외에 전하는 기록에 따르면 문인 김익겸이 이병연의 시집을 가지고 중국에 갔을 때 강남의 문인들이 명나라 이후 최고의 시라며 치켜세웠다고 합니다. 이병

---

78. 아경(亞卿)은 한성 우윤을 뜻한다.

연은 평생 무려 10,300여 수에 달하는 많은 시를 썼다고 하는데, 현재는 정조 2년 홍낙순이 편집하고 발행한《사천시초》에 실려 있는 499편만이 전해집니다. 스승이었던 김창흡의 시론에 따라 〈단발령치우(斷髮嶺値雨)〉, 〈만폭동(萬瀑洞)〉, 〈정양사(正陽寺)〉등 명승지를 다니며 마음에서 일어나는 감동을 노래한 시들이 많습니다.

정선과 이병연, 금강산을 여행하다

정선과 이병연은 막역한 친구 사이로 정선의 세 번의 금강산 여행 중 두 번을 함께합니다. 정선의 첫 번째 금강산 여행은 1711년으로 이병연이 금강산 들어가는 어귀에 있는 금화(金化)에 현감으로 발령받으면서입니다. 이때 정선은 스승인 김창흡, 김시보[79], 정동후[80]와 동행합니다. 이미 김창흡은 금강산을 다섯 번이나 다녀왔던 터였지만, 이번에는 시에 일가견이 있는 김시보와 정동후 그리고 그림 잘 그리는 제자인 정선까지 동행을 합니다. 명승지에 화원이나 그림 잘 그리는 사람을 대동하는 것은 이미 명종 때부터 시작되었습니다. 명종은 명승지가 있는 곳으로 부임하는 신하들에게 화원을 데리고 가서 그림을 그려 오게 하고, 신하들은 명승지를 보고

---

79. 한(漢) · 당(唐) · 송(宋) 명가의 시까지 두루 섭렵하였고 김창흡의 높은 평가를 받았으며, 문집으로는 《모주집(茅洲集)》이 있다.
80. 조선후기 제주 목사, 부호군, 동부승지 등을 역임한 문신이다.

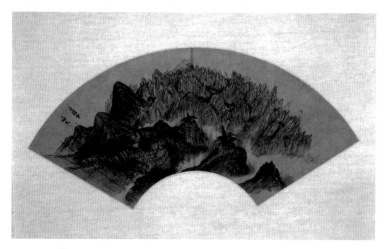

〈정양사도〉[81], 정선, 18세기, 종이에 엷은 채색, 22.1x61cm, 국립중앙박물관 소장

시를 짓곤 했습니다. 이러한 전통은 18세기까지 이어지게 되었고, 우리나라 명승지 중에 최고는 금강산이 꼽히며 웬만한 재력이 있는 사대부들 사이에서는 금강산 여행이 붐이 일었습니다.

정선의 친구이자 김창흡의 제자인 이병연이 금화 현감으로 있으니 이보다 더 좋은 기회는 없었을 겁니다. 정선은 1711년의 여행을 13폭의 화첩으로 남겼는데 바로《신묘년풍악도첩》[82]입니다. 정선의 작품 중 가장 이른 시기의 진경산수화풍 그림입니다. 아마도 금

---

81. 〈정양사도〉는 정선이 노년기에 그린 작품으로, 부채의 윤곽선을 따라 그려졌다. 정선은 세 번밖에 금강산 여행을 하지 않았지만 여러 소재로 다양한 그림을 많이 그렸다.
82. 《신묘년풍악도첩》에 나오는 '백천교'는 금강산을 구경한 양반들이 가마에서 내려 말로 갈아타는 곳으로 18세기에는 항상 붐비었다고 한다. 이때 양반들은 유점사 승려들에게 가마를 메도록 하였다고 한다.

화 현감으로 스승과 친구를 맞이했던 이병연도 함께 여행하면서 시를 썼을 듯한데 기록이 남아 있진 않습니다.

정선은 바로 다음 해인 1712년 다시 한번 금강산을 가게 됩니다. 이번에는 친구 이병연의 아버지인 이속을, 이병연의 동생인 이병성과 함께 모시고 여행합니다. 정선은 금강산이 얼마나 좋았는지 두 해 연속 여행을 갑니다. 이병연이 지은 시를 모아놓은 《사천시초》에 보면 정선은 금강산 여행을 할 때 그림을 그리고자 하는 마음이 들면 이병연의 붓을 빼앗아 그리곤 했다고 합니다. 막역한 친구 사이가 아니라면 그리할 수 없을 거라 생각됩니다. 그렇게 여행하면서 정선과 이병연은 함께 《해악전신첩》을 만듭니다. 내금강과 외금강 중에서 21폭을 정선이 그림으로 그리고, 김창흡과 이병연이 각 폭에 제화시를 써서 만든 화첩입니다. 진경 시와 진경 그림이 합쳐진 최고의 걸작입니다.

정선과 이병연의 또 다른 스승인 노가재 김창업은 《해악전신첩》을 보고 '이제까지 금강산을 표현한 그림과 시 중 이런 기품(奇品)이 있는 것은 없었다.'라며 최고의 찬사를 선사합니다. 여기에 더해 김창업은 조선의 그림을 청나라까지 가지고 가서 대감식안[83]인 마유병에게 보여줍니다. 마유병은 조선 최고의 화가로 그 당시 사대부 화가 중 최고였던 윤두서를 제치고 정선의 손을 들어줍니다. 사대부 사회에서 정선과 이병연의 인기가 대단했다고 합니다. 웬만한

---

83. 그림과 글씨를 보고 가치나 진위를 판정하는 안목을 가진 사람

사대부 집에는 정선의 그림 한 점 정도는 있었다고 하며 정선 그림의 값어치는 서울 북촌의 기와집 반 채 정도였다고 합니다.

정선과 이병연은 서로를 보며 무슨 생각을 했을까요? 환한 웃음 지으며 마주 보다 어깨 한 번 으쓱하고 서로의 등을 토닥이지 않았을까 싶습니다. 그런데 안타까운 것은 1712년의 《해악전신첩》은 현재 전해지지 않는다는 겁니다. 그나마 다행인 건 1747년에 정선과 이병연이 다시 한 번 《해악전신첩》을 만들었다는 겁니다. 이때 정선의 나이는 일흔두 살이었습니다. 대단하지요?

두 번째 《해악전신첩》을 그릴 때는 정선 혼자 사생하며 여행을 했는데, 아마도 36년 전에 그린 《해악전신첩》에 대한 아쉬움에 그러지 않았나 싶습니다. 아무래도 1711에 그린 《신묘년풍악도첩》과 1747년의 《해악전신첩》을 비교해 보면 그림의 완성도 자체가 다릅니다.

노년에 이르러 다양한 필묵법을 자유자재로 구사할 줄 알고 그림에 색을 입히는 데도 능숙한 경지에 이르러 금강산의 아름다움을 한 층 더 빛냈기 때문입니다. 두 번째 《해악전신첩》 또한 같은 소재로 정선이 21폭의 그림을 그리고, 이병연은 36년 전 썼던 제화시를 화첩에 그대로 옮겨 씁니다. 이미 고인이 된 김창흡의 시는 강원감사로 있던 홍봉조에게 베껴 쓰게 합니다. 이 지난한 과정을 거쳐 화첩의 그림만 바뀐 두 번째 《해악전신첩》을 완성합니다. 정선의 그림에 대한 집념과 함께 그에 화답하고자 하는 이병연의 응원을 볼 수 있는 대목입니다.

서울 근교의 아름다운 경치를 그린 《경교명승첩》

정선은 1740년 65세에 양천현령으로 발령받습니다. 양천은 서울
의 서쪽에 자리 잡고 있는데, 강화에서 한강을 따라 서울로 올라오
는 길목입니다. 삼각산과 한강이 어우러져 그 모습이 매우 아름다
운데, 한강을 따라가며 경치를 그림으로 남기기에 아주 좋은 곳이
라 할 수 있습니다. 영조가 정선을 이러한 곳에 발령낸 것은 아무래
도 이곳 경치를 그림으로 남기라는, 드러내지 않은 의도가 있지 않
나 생각됩니다.

이병연은 정선이 멀리 떠나지는 않지만, 그 이별이 사뭇 안타까
웠는지 전별시를 남깁니다.

〈삼주삼산각〉, 《경교명승첩》 중에서, 정선, 1741년경, 비단에 채색, 20.2×31.3cm, 간송미술관 소장

爾我合爲王輞川　자네와 나를 합쳐놔야 왕망천[84]이 될 터인데

畵飛詩墜兩翩翩　그림 날고 시 떨어지니 양편이 다 허둥대네

己遠猶堪望　돌아가는 나귀 벌써 멀어졌지만 아직까지는 보이누나

炒愴江西落照川　강서에 지는 저 노을을 원망스레 바라보네

　이병연은 떠나가는 정선에게 그림과 시로 왕래하자는 제안을 합니다. 이병연이 시를 써서 보내면 정선이 그림으로 답을 하고, 정선이 그림을 그려 보내면 이병연이 시를 써서 답하는 것이지요. 지음지기(知音知己)인 정선과 이병연답습니다. 정선은 양천부터 압구정을 지나 남양주 석실서원까지 남한강을 따라 올라가며 그림을 그리고, 이병연은 서울 주변의 명승지들을 노래하는 시를 짓습니다. 그림과 시로 왕래하자던 그 약속은 지켜져서 오늘날《경교명승첩》으로 전해지게 됩니다.

　《경교명승첩》은 상·하 2첩으로 만들어졌습니다. 상첩은 양천현령으로 가면서 이병연과 그림과 시를 나누어 보자 했던 약속에 따라 1740년부터 1741년까지 양천팔경을 비롯하여 남양주의 석실서원까지 19폭의 작품으로 담았고, 하첩은 1751년부터 1759년까지 죽은 이병연을 추억하며 양천에 있을 때 받았던 시를 주제로 하여 서울 주변을 22폭으로 그렸습니다. 정선이 죽은 해가 1759년이니 죽을 때까지 붙잡고 있던 화첩으로 이병연에 대한 정선의 애틋함을

---

84. 서정시를 잘 써서 시불(詩佛)이라 불리고, 그림도 잘 그렸던 왕유를 말한다.

〈인곡유거도〉, 《경교명승첩》 중에서, 정선, 1739~1740년경,
종이에 옅게 채색, 27.5×27.3㎝, 간송미술관 소장

느낄 수 있습니다.

정선은 지금의 경복고등학교 부근에서 어린 시절부터 지내오다
쉰두 살에 인왕산 바로 아랫 동네인 현재의 옥류동으로 이사를 옵
니다. 그리고 새로 이사 온 집의 이름을 '인곡유거'라 짓습니다. 정
선은 이곳에서 여든네 살로 죽을 때까지 노년의 삶을 보냅니다.

그림을 잠시 감상해 보지요. 정선이 노년에 그린 그림이다 보니
붓놀림의 노련함과 마음의 풍요로움이 느껴집니다. 그림 오른편 아
래에 사방관을 쓰고 책을 펼치고 있는 작은 사람이 보이는데, 정선
본인인 듯합니다. 마당에는 큰 버드나무와 작은 오동나무가 보입니
다. 그리고 왼쪽의 초가지붕을 이고 있는 대문이 기와지붕과 대조
적이긴 하지만 자연스럽고 오묘한 조화를 이룹니다.

정선의 어린 시절은 가난으로 어려웠지만, 노년에는 부족함 없이 하고픈 것을 즐겁게 할 수 있었습니다. 그림에서도 노년의 여유로움이 느껴지지 않나요?《경교명승첩》에는 정선과 이병연이 그림과 시로 둘러본 명승지뿐 아니라, 〈인곡유거도〉와 같이 일상의 공간과 삶의 이야기가 묻어나는 그림도 있습니다.

《경교명승첩》하첩에는 〈척재제시(惕齋題詩)〉란 그림이 있습니다. 이병연이 병으로 몸져누웠을 때 양천현감으로 있던 정선이 웅어(임금님이 드시던 귀한 물고기) 한 꿰미를 보냅니다. 그러면서 그림도 같이 보내는데, 그게 바로 '척재제시'입니다. 숙종 대 명문가의 자제이자 인경왕후(숙종의 첫 번째 왕비)의 조카였던 척재 김보택에게 누군가 웅어 한 꿰미를 보냈다고 합니다. 시 잘 짓기로 유명했던 척재여서 답례로 시 한 수를 지어 보냈다고 하는데, 이 이야기가 꽤 널리 퍼졌었나 봅니다. 정선은 웅어만 보낸 것이 아니라 '척재제시'란 화제(畫題)로 그림까지 그려 보냅니다. 병상에 누워 있던 이병연은 정선이 보내 준 웅어 한 점으로 밥 한술 뜰 수 있었다고 합니다. 선물만 받아서야 아니 되겠지요. 이병연은 그림 그리는 종이 중 가장 좋은 걸 골라 시와 함께 다시 정선에게 보냈다고 합니다. 이런 사실들은 모두 '척재제시' 뒷면에 붙어 있다고 합니다. 임금님이나 드시던 귀한 물고기가 생겼다면 사랑하는 가족과 먹기 바빴을 터인데 정선은 몸져누운 이병연을 먼저 생각했습니다. 그리고 이병연은 '제시를 보시고자 한다고 하나 제가 보고자 하는 것은 몇 배입니다.'라며 자신의 속마음을 정선에게 털어놓기도 합니다.

〈인왕제색도〉, 정선, 1751년, 종이에 먹, 79.2×138.2cm, 2021년 이건희 기증, 국보

이병연의 죽음과 〈인왕제색도〉

정선은 워낙 많은 그림을 그려서 최고의 작품을 꼽기가 쉽지 않습니다. 그중에서도 최고의 작품을 꼽으라면 〈인왕제색도〉를 꼽을 수 있습니다.

〈인왕제색도〉는 이병연과 마음이 맞닿은 작품이기도 합니다. 정선이 살던 집에서 담장 너머로 언제나 보이던 인왕산을 그린 그림인데, 산 주위를 덮고 있는 비구름 가운데 인왕산의 화강암 질감을 살리면서도 비가 걷히는 인상을 진묵과 담묵을 섞어가며 절묘하게도 그렸습니다. 〈인왕제색도〉를 보기 전의 인왕산은 저 멀리 있는 아름다운 산 중의 하나였지만, 〈인왕제색도〉를 보고 난 후의 인왕산은 우리나라에서 손꼽을 만한 명산이 되었습니다. 그것은 〈인왕제색도〉가 실재와 가까운 그림이기도 하거니와 아름다운 경치를 그렸기 때문입니다.

〈인왕제색도〉는 그림도 그림이지만, 정선의 슬픈 마음까지도 담고 있어 우리에게 깊은 울림을 줍니다. 그림에 보면 '신미윤월하완(辛未閏月下浣)'이란 글자가 쓰여 있는데, 1751년 5월 하순을 말합니다. 〈승정원일기〉에 보면 1751년 5월 서울에는 19일부터 24일까지 계속 비가 내렸다고 합니다. 그림 속에 비구름을 걷히는 것을 보니 25일 정도 되었나 봅니다. 1751년 5월은 이병연이 몸져누워 있던 때입니다. 아마도 정선은 비구름이 걷히듯이 이병연도 다시 건강해져서 자리에서 일어나기를 바라는 마음을 그림에 담은 듯합니다. 하지만 안타깝게도 이병연은 정선의 바람대로 일어나지 못하고 29일 정선과의 인연을 다하고 이 세상과 이별합니다.

그리 멀지 않은 양천현으로 발령받아 가는 정선에게 "……강서에 지는 저 노을 원망스레 바라보네."라며 이별 시를 남기기도 했던 이병연. "내 시와 그대의 그림을 바꿔 보면 누가 남고 모자라는지 어찌 값어치를 매기겠느냐."며 자랑스러워했던 이병연. 그랬던 이병연을 먼저 떠나 보내는 정선의 마음이 어땠을까요? 《열자(列子)》 '탕문편(湯問篇)'에 나오는 거문고의 달인 백아가 자신의 연주를 알아주던 나무꾼 종자기가 죽자 거문고의 줄을 끊어버렸듯 정선도 그런 마음이지 않았을까 싶습니다.

걸으며 읽는 역사 이야기

《장동팔경첩》을 따라, 정선을 따라

서촌이라 하면 경복궁과 인왕산 사이에 있는 곳으로 조선 시대에
는 한성부 북부에 속했는데 장의동 혹은 장동이라 불렸습니다. 정
선과 이병연은 이곳에서 태어나 평생을 살았습니다. 정선은 이곳을
얼마나 좋아했던지 경관이 아름다운 곳 8곳을 골라 특별히 《장동
팔경첩》이란 화첩을 남겼습니다.

《장동팔경첩》에는 '창의문', '백운동', '청송당', '청풍계', '청휘각',
'독락정', '취미대', '대은암'이 담겨 있습니다. 지금도 답사를 통해
흔적을 찾아볼 수 있는 곳은 '창의문', '백운동', '청송당', '청풍계' 정
도입니다. '청휘각'은 그 터까지는 갈 수 있긴 하지만 아무런 흔적도
남아 있지 않고, '독락정', '취미대', '대은암'은 예전 청와대 뒤편에

있습니다.

《장동팔경첩》의 시작은 창의문에서 하는 것이 좋습니다. 아무래도 창의문이 자하고개 위쪽에 있다 보니 자연스럽게 내리막길을 내려오며 '백운동', '청송당', '청풍계'를 차례로 볼 수 있습니다.

《장동팔경첩》에서 처음으로 가볼 곳은 '창의문'입니다. 창의문은 1968년 북한의 간첩이 이곳으로 청와대를 습격하는 사건이 발생한 이후 일반인의 발길을 막았다가 2007년에 개방했습니다.

창의문은 정선과 이병연 그리고 스승 김창흡이 살던 장동 위에 있는 문으로, 한양의 사소문 중 하나입니다. 북쪽에 있는 숙정문은 다른 대문들과 달리 항시 닫아 두었기 때문에 창의문이 한양의 북쪽 출입을 담당했습니다.

창의문은 정선을 비롯한 노론 세력이 그 아랫동네에 살았다는 것 외에도 노론과 영조에게는 큰 의미가 있습니다. 서인을 중심으로 일으킨 인조반정 당시 창의군(반정군)이 이곳으로 들어와 반정에 성공했고, 인조가 영조의 증조할아버지가 되기 때문입니다. 그림의 상단 한가운데에 창의문이 보입니다. 그 아래로는 고불고불한 길이 보이는데 영락없는 우리네 산길입니다. 듬성듬성 자란 소나무들과 그리 높지 않게 대충 그려놓은 듯한 성벽이 있습니다. 자연과 어우러진 창의문이 인상적입니다.

창의문을 보고 청운문학도서관을 지나 자하터널로 내려오다 보

면 '후기말일성도의 교회'
라는 낯선 이름의 교회가
보입니다. 그 옆길로 따
라 다시 자하터널 위로 올
라가다 보면 오른쪽에 '백
운동천(白雲洞天)'이라 바
위에 새겨진 글씨를 볼 수
있습니다. 이곳이 바로
《장동팔경첩》에 나오는
'백운동'입니다. 백운동의
'동(洞)'은 골짜기를 의미

〈창의문〉, 《장동팔경첩》 중에서, 정선, 1755년경, 종이에 옅게 채색, 33.2×29.5㎝, 국립중앙박물관 소장

합니다. 이곳은 조선 전기부터 경치가 아름답기로 소문이 자자했던
곳입니다. 《신증동국여지승람》에서는 한양도성 내에서 경치가 아
름다운 다섯 군데로 삼청동, 인왕동, 쌍계동, 청학동, 백운동을 꼽기
도 했습니다.

세조의 왕비인 정희왕후 윤씨의 형부로 84세까지 살았단 이념의
가 이곳에 큰 기와집을 짓고 떵떵거리며 살았다고 하는데, 얼마나
아름다웠던지 조선이 망할 때까지도 이 집이 그대로 있었다는 기록
이 남아 있습니다.

겸재의 '백운동'이란 그림을 보면 오른쪽 가운데 즈음에 기와집들

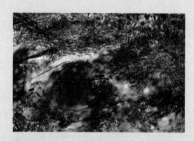

백운동천이 글씨가 새겨진 바위

〈백운동〉, 《장동팔경첩》 중에서, 정선, 1755년경 종이에 옅게 채색, 33.2×29.5㎝, 국립중앙박물관 소장

이 모여 있는 게 보이는데 아무래도 거기가 이념의의 집이었던 듯합니다. 《장동팔경첩》은 가로 29.5mm, 세로 33.2mm로 A3 종이보다 살짝 작은 크기인데, 앙증맞게 등장하는 나귀를 탄 선비와 작은 동자가 그림에 재미를 더합니다.

백운동에서 조금만 아래로 내려오다 보면 왼쪽 담벼락 옆으로 경기상업고등학교가 보입니다. 학교 안으로 들어가면 이곳이 바로 《장동팔경첩》에 등장하는 '청송당(聽松堂)'입니다. 청송당은 '솔바람 소리를 듣는 집'이란 뜻으로 조선 중기의 이름난 선비인 청송(聽訟) 성수침의 독서당이었다고 합니다. 1934년까지만 해도 청송당 뒤편 돌에 '청송당지'라는 새긴 글씨가 있어 정확한 위치를 알 수 있었는데 지금은 학교가 들어서고 집들이 지어지면서 정확한 위치를 알 수는 없습니다. 다만 경기상업고등학교에서 마련한 안내

판을 따라 후관 뒤편을 올라가면
'청송당유지(聽松堂遺址)'라고 새
겨진 큰 돌이 있지만 조선 시대에
새겨진 것은 아닌 듯 합니다.

〈청송당〉 그림을 보면 일(一)
자로 지어진 3칸의 조촐한 작은
기와집이 보이는데 앞으로는 평
평하게 만들어 놓은 마당이 보입
니다. 청송당 주변으로는 소나무
들이 빼곡하게 있습니다. 소나무
뒤로는 북악산 산세가 더해져 청
송당의 병풍 역할을 하는데, 그
아래로는 시원한 계곡물이 흐릅
니다. 정말 솔바람 소리가 그림
가득히 담겨 있는 듯합니다. 이
런 곳에서 책을 읽고 학문을 익

〈청송당〉, 《장동팔경첩》 중에서, 정선, 1775
년경, 종이에 옅게 채색, 33.2×29.5㎝, 국립중
앙박물관 소장

백세청풍[85]

힌다면 공부가 절로 될 것 같은 느낌이 들기도 합니다.

마지막으로 가볼 곳은 《장동팔경첩》 속 〈청풍계〉입니다. 청풍계

---

85. 영원한 맑은 바람이란 의미로 주희의 글씨를 따라 썼다고 한다.

는 경기상업고등학교에서 나와 맞은편 길을 건너 주택가가 있는 골목으로 가야 합니다. 청풍계가 있던 곳에 워낙 주택이 많이 들어서 있고, 어느 주택의 담장 안쪽에 글자가 새겨져 있어 잘못하다간 지나칠 수 있습니다. 눈을 부릅뜨고 이집 저집 담장을 유심히 보면서 가야 합니다.

청풍계(淸風溪)는 '맑은 바람이 부는 계곡'이라는 의미인데, 본래 이름은 푸른 단풍나무가 많아서 청풍계(靑風溪) 즉 '푸른 바람이 부는 계곡'이었다 합니다. '청풍'의 이름이 바뀐 것은 이곳에 김상용이 집을 지으면서라고 합니다. 김상용은 병자호란 때 왕실의 가족들과 강화도로 피난을 갔다가 함락되자 문루에 화약을 쌓고 불을 붙여 자결하였다고 합니다. 지금 청풍계에 가면 바위에 '백세청풍'이란 글씨가 새겨져 있는데, 그 위로 '대명일월(大明日月)'이란 글씨도 함께 새겨져 있었다고 합니다. 명나라가 오래도록 지속되길 바라는 마음이 담긴 글귀입니다.

〈청풍계〉, 《장동팔경첩》 중에서, 정선, 1755년경, 종이에 옅게 채색, 33,2×29,5cm, 국립중앙박물관 소장

정선은 간송미술관과 국립중앙박물관에 소장된 《장동

팔경첩》에 외에도 정선이 '청풍계'만 따로 그린 간송미술관 소장본과 고려대학교 소장본도 있습니다. 지금 우리에게 전하는 '청풍계'가 이 정도니 정선의 그렸던 그림은 더 많지 않을까 싶습니다.

《장동팔경첩》을 따라오다 보면 화첩에 담긴 그림 외에도 창의문근처의 '윤동주문학관'에서 〈장안연우〉라는 그림을 볼 수 있습니다. 경복고등학교에서는 〈독서여가도〉, 그리고 지금은 복원된 옛옥인동 아파트 자리에 가면 간송미술관 소장본《장동팔경첩》에 있는 '수성동(水聲洞, 물소리가 들리는 계곡)'도 볼 수 있습니다.

〈낙남헌방방도〉 중 일부

Part 3
공정한 세상을 꿈꾸며

01 혼돈의 시대, 공정함을 잊지 않은 이원익

걸으며 읽는 역사 이야기_ 충현박물관과 이원익 종택 둘러보기

02 정조의 화성 부흥기로 공정을 다시 생각하다

걸으며 읽는 역사 이야기_ 사도세자와 정조를 위한 사찰, 용주사

03 어린이의 영원한 동무, 방정환

걸으며 읽는 역사 이야기_ 천도교 중앙대교당 일대와 3 · 1운동 유적지

01 혼돈의 시대, 공정함을 잊지 않은 이원익

#청령 🔍

임금이 집을 지어줬대.

이원익 종택 앞마당

〈이원익 선생 영정〉 중 일부

17세기, 비단에 채색, 167.5×93.3cm,
충현박물관 소장

소통과 공감의 리더, 이원익

　조선왕조 500년에서 최고의 '혼돈의 시대'를 꼽자면 선조 대부터 인조 대까지라 할 수 있습니다. 조선에서 일어났던 두 번의 큰 전쟁인 임진왜란[86]과 병자호란[87]이 있었을 뿐 아니라 조카가 왕인 숙부를 몰아내는 '인조반정'이 일어나기도 했습니다. 또한 명종 대부터 시작된 붕당의 움직임은 선조 대에 동인과 서인의 진용을 갖추게 되고, 광해군 때에는 북인과 남인 그리고 서인이 엎치락뒤치락합니다. 그 가운데 북인이 정권을 잡고 서인을 핍박했으며, 인조 대에 이르러 서인이 정권을 독점하면서 북인의 씨를 말리는 '피의 복수'가 일어나기도 했습니다.

　이런 '혼돈의 시대' 속에서 자신이 맡은 소임을 완벽하고 훌륭하게 이뤄낸 인물이 있습니다. 바로 오리(梧里) 이원익입니다. 이원익은 1569년(선조 2년) 문과에 급제하여 벼슬길에 올라 1634년 여든여덟 살(88세)의 나이로 죽을 때까지 선조와 광해군 그리고 인조까지 3명의 임금 아래에서 영의정을 다섯 번이나 했습니다. 얼핏 88세라는 나이를 생각한다면 3명의 임금을 모시는 게 가능하여 대수롭지 않게 여길 수 있지만, 이원익이 살았던 때는 앞서 말했듯이 '혼돈의 시대'였습니다. 반정으로 임금이 바뀌었는데도 불구하

---

86. 조선 선조 대인 1592~1598년, 일본이 명나라를 정벌하러 간다는 구실로 조선을 침략하면서 일어난 전쟁
87. 조선 인조 대인 1636년, 청나라가 조선을 침략해 일으킨 전쟁

고 영의정을 또 한다는 것은 쉽사리 있을 수 없는 일이었습니다. 이원익의 삶을 통해 공정함을 잊지 않는 태도란 어떤 것인지 알아볼까요?

이원익은 태종(이방원)의 서자였던 익녕군의 현손[88]으로 1547년에 태어났습니다. 당시 군의 자손은 3대까지 벼슬을 할 수 없도록 해서 익녕군부터 증조부인 수천군, 할아버지인 천기군 그리고 아버지인 함천군은 모두 과거를 보지 못했습니다. 그러다 보니 집안 형편이 그리 넉넉하지는 않았다고 합니다. 학문에 정진할 수 없는 상황에서 증조부인 수천군은 음악과 시문에 빠졌었는데, 이러한 전통이 집안 대대로 이어진 것인지 할아버지인 천기군은 거문고 연주를 잘했고, 아버지 함천군은 편경(磬)[89]이라는 악기의 명수였다고 합니다. 하지만 아버지 함천군 대부터 학문에 뜻을 두기 시작합니다. 왕가의 종친 중 학문이 뛰어난 자를 뽑는 시험이 생긴 것이지요. 함천군은 자녀들에게 학문에 힘쓰도록 해서 첫째 아들 이원보는 1570년(선조 3년)에 소과에 붙어서 진사가 됩니다. 하지만 학문의 깊이가 얕아 대과에 급제하지는 못하고 마흔여덟 살에 벼슬을 겨우 얻어 하급 관직만 전전하다가 죽습니다.

이원익은 함천군의 둘째 아들로 1564년(명종 19년) 소과[90]에 합격하여 생원이 되었고, 성균관에 입학해 공부를 계속했습니다. 그

---

88. 손자의 손자
89. 옥이나 돌, 또는 놋쇠로 만든 타악기
90. 조선 시대 성균관에 입학할 자격을 부여하는 것을 목적으로 시행한 과거

리고 1569년(선조 2년) 대과인 별시[91]에서 병과[92] 4등으로 급제하여 관리의 길을 걷게 됩니다.

이원익은 스물세 살이라는 젊은 나이에 벼슬을 시작했지만 빠르게 승진하지도 못하고 주요한 관직보다는 성균관 전적, 질정관, 정랑 그리고 황해도사 등 별 볼 일 없는 관직을 전전합니다. 하지만 이원익은 언제나 자신에게 주어진 벼슬에 최선을 다합니다. 특히 황해도사로 있을 때 황해감사로 부임해 온 이이에게 크게 신임을 받아 많은 일을 처리했다고 합니다. 지방에서는 군적[93](軍籍)이 제대로 정리되지 않은 경우가 많았는데, 이원익은 잘못된 부분을 하나도 빠짐없이 바로잡고 정리했다고 합니다. 이것이 인연이 되어 1575년엔 중앙의 요직인 사간원[94]의 정언에 임명되는데, 이는 주어진 일에 최선을 다했던 결과라 할 수 있습니다.

붕당 정치와 이원익

선조 대에 학문적·정치적으로 입장이 같은 '붕당'이 생겨납니다. 붕당은 한자로 朋(친구 붕), 黨(무리 당)으로, '서로 뜻이 같은

---

91. 조선 시대에 정규 과거 외에 임시로 시행된 과거
92. 대과에서 뽑힌 33명 중에서 장원급제자 1명, 갑과 2명, 을과 7명, 병과 23명으로 등수를 매기고 첫 관직에 나갈 수 있도록 했다.
93. 군인의 주소, 성명, 경력 등을 적어 군인의 지위, 신분을 밝힌 명부
94. 왕의 언행이나 정치에 잘못이 있을 때 이를 바로잡는 역할을 하는 자리

사람들의 모임'을 의미합니다. 그 시대 정치인들은 이해관계가 비슷한 사람들끼리 당을 만들어 상대 당과 조화를 이루며 나라의 발전과 백성들의 생활 안정을 위해 노력하려고 했습니다.[95] 지금으로 치면 마치 정당과도 같은데, 처음으로 생겨난 붕당은 동인과 서인이었습니다. 중종과 명종 대에는 사림과 훈구 세력의 싸움에서 사림들이 많이 죽었습니다. 그러다 선조가 왕이 된 후에는 사림이 권력을 잡게 되면서 임금과 함께 조선을 이끌어 가게 됩니다. 하지만 사람의 생각이 모두 같을 수는 없겠지요.

사림 중에 김효원과 심의겸이라는 사람이 있었습니다. 둘은 이조정랑이라는 관직을 두고 의견이 달랐습니다. 결국 김효원파와 심의겸파로 나뉘지요. 이때 김효원과 뜻을 같이하는 사림이 모여 동인이 되는데, 여기에 이황과 남명 조식의 제자들이 함께하게 됩니다. 김효원의 집이 서울의 동쪽에 있어 동인이라 불렀습니다. 그리고 심의겸과 한뜻으로 모인 사람에는 이이와 성혼 등이 있었는데, 동인의 반대 의미로 서인이라 했습니다.

이처럼 동인과 서인은 서로 정치적 입장에서 차이는 있었지만 처음부터 충돌한 것은 아닙니다. 그런데 1589년 동인에 속하는 정여립이 선조를 폐위하고 급진적인 개혁을 실행하려고 난을 일으키다 실패했습니다. 이 사건을 서인의 우두머리인 정철이 가혹하게 처벌했고, 이로 인해 억울하게 죽은 사람이 많았습니다. 이 사건을 계기

---

95. 김남근, 〈붕당정치는 과거와 현재의 대화다〉, 《이슈메이커》, 2014.5.23.

로 동인은 내부적으로 갈라지게 되는데, 서인에 대해 강경하게 처벌을 주장하는 북인과 온건하게 대처하자는 남인으로 나뉘게 됩니다. 그러니까 동인과 서인으로 나뉜 것이 나중에는 남인과 북인, 그리고 서인 이렇게 3개로 나뉘게 됩니다.

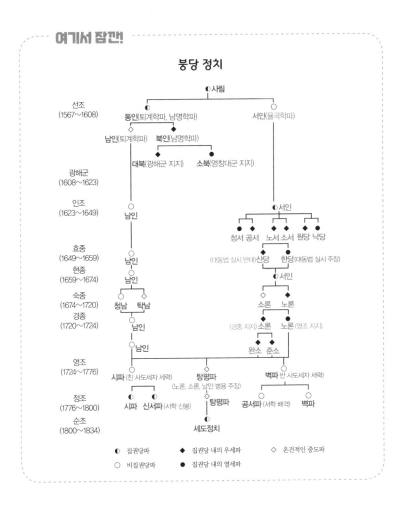

이원익의 처음 붕당은 동인이었습니다. 서인은 심의겸의 도움으로 정계에 진출했던 관료들이 모였었기에 기득권 세력이었습니다. 개혁파였던 이원익은 당연히 동인이 됩니다. 하지만 이원익은 조정에 큰 문제가 일어날 때마다 불공정하고 과격한 처리보다는 원칙을 중시하면서도 온건하게 사건을 해결하고자 합니다. 1591년, 서인이었던 정철이 선조의 나이가 많으니 광해군을 세자로 책봉하자고 주장합니다. 이 사건을 '건저의 사건(建儲議事件)'이라고 하는데, 당시 영의정이었던 이산해(북인)는 '건저의 사건'을 계기로 서인들을 다 몰아내고자 강경하게 맞섭니다. 이때 이원익은 유성룡, 우성전과 함께 온화한 태도를 보이는 남인의 입장에 섭니다.

만인지상 영의정의 자리에 오르다

1598년(선조 31년)의 일입니다. 이원익이 명나라 사신으로 가게 되는 일이 생깁니다. '정응태 사건'[96]을 해결하기 위해서지요. 조선과 일본이 짜고 명나라를 칠 것이라는 거짓 보고 때문에 조선에서는 명나라 황제 앞에서 제대로 해명해야 할 일이 생긴 겁니다. 임진왜란이 끝나지 않아 명나라와의 연합이 무엇보다도 필요한 시기였

96. 명나라 장수 양호와 권율 장군이 합세하여 일본군과 싸웠으나 1만 5천 명의 사상자만 내며 울산성 전투에서 패한 일이 있었다. 이에 명나라의 정응태란 자가 양호를 탄핵했는데, 이때 조선이 일본과 합세하여 명나라의 요동을 공격할 것이라며 황제에게 거짓 보고했다.

기에 이 일은 대단히 중요한 일이었고, 당시 조정에서는 영의정이었던 유성룡을 사신으로 보내 오해를 풀려고 했습니다. 하지만 유성룡은 여든 살 먹은 노모가 계셔서 갈 수 없다며 한 발을 뺍니다. 반면 이원익은 오래도록 병이 있어 사직하려 했지만, 우의정 겸(충청·경상·전라·강원) 도체찰사라는 막중한 직분의 책임을 지고자 합니다. 나라의 위급함 앞에 이원익은 병든 몸을 이끌고 명나라에 사신으로 갑니다. 그리고 사신의 임무를 잘 수행하고 돌아와 선조의 신임을 얻습니다.

선조로서는 자신보다 늘 나랏일을 걱정하는 이원익을 신뢰하지 않을 수 없었습니다. 이 사건 이후 선조는 이원익을 영의정에 명합니다. 드디어 만인지상 영의정의 자리에 오른 겁니다. 이후 이원익은 영의정 자리에서 유성룡을 변호하는 상소를 올렸는데, 그것을 빌미로 당시 조정에서 우세했던 북인은 이원익을 공격합니다. 첫 영의정에 대한 소임을 다하지 못하게 되고, 결국 1599년 윤사월 이원익은 사직 상소를 올립니다.

선조는 1599년 5월 26일 이원익의 사직서를 받아들입니다. 하지만 그해 9월 선조는 이원익을 다시 영의정에 임명합니다. 이때 이원익은 붕당의 폐해에 대해 직언을 합니다. 자신의 친척인 임국로와 옛 친구인 홍여순 등 인정과 붕당을 초월하여 문제가 있는 사람에 대해서는 선조에게 소상히 전하고 등용하지 말 것을 주장합니다. 그리고 12월에 다시 사직을 청합니다. 선조는 1600년 1월 1일 이산해를 영의정에 올리면서 사직을 받아들입니다.

따져보면, 붕당(朋黨)의 환난은 그 유래가 오래된 것이지만, 사(私)를 위해 서로 다투는 습속이 이때보다 더한 경우는 없었다. 이원익(李元翼)이 경연에서 한 말에는 비록 유성룡(柳成龍)을 위한 점이 있기는 하였으나, 홍여순과 임국로에 대해 논한 말은 실로 나라 전체의 공론이었다. 다만 상의 뜻이 성룡을 좋아하지 않았기 때문에, 원익의 말이 끝내 받아들여지지 않았던 것이다.

《선조수정실록》[97] 34권, 선조 33년 1월 1일(1600년)

피바람을 잠재운 온화한 영의정

선조가 죽고 나서 북인들은 광해군을 옹립합니다. 선조가 승하할 당시 영의정은 유영경이었는데, 유영경은 선조와 인목왕후 사이에서 태어난 영창대군을 다음 왕으로 옹립하려고 했었습니다. 때문에 광해군과 핵심 세력인 북인은 유영경을 그리 달갑게 여기지 않았습니다. 당연지사 영의정 유영경을 파직해야 한다고 광해군에게 아룁니다. 광해군은 선대왕의 대신이라 하여 처음엔 유영경의 파직을 허락하지 않았습니다. 다시 홍문관 부제학 송응순 등이 상소를 올립니다. 이때도 광해군은 허락하지 않다가 사간원과 사헌부 대신

---

97. 《선조실록》은 사실관계가 맞지 않는 것이 있기도 하고, 당파에 따라 편파적으로 기록된 것이 있다 하여 인조 대부터 효종 대에 걸쳐 수정했다. 인조 대에는 즉위년부터 29년까지 기록을, 효종대에는 30년부터 41년까지 기록을 수정 편찬했다.

들이 유영경을 다시 파직하라고 청합니다. 이에 광해군은 유영경을 영의정 자리에서 내려오게 하고, 그다음 날 이원익을 영의정으로 임명합니다. 유영경의 파직과 관련하여 대신들의 상소로 어쩔 수 없었다는 것을 보여주기 위한 정치적 행동이었을 겁니다. [98]

> 영의정 유영경(柳永慶)은 본디 흉악한 사람으로 오래도록 권병(權柄)을 잡고 있으면서 성총(聖聰)을 옹폐시켰으므로 권세와 기염이 하늘을 찌를 듯하였습니다. 그리하여 손톱과 어금니 같은 복심들이 조정에 많이 끼어 있게 되었고 인척과 족척(族戚)들이 현요직에 포열되어 있으며 자신과 의견을 달리하는 사람을 배척하고 언로를 막았으므로 사람들이 감히 지적하지 못하였으며 도로의 사람들이 간흉으로 지목하였습니다.
>
> – 중략 –
>
> 공의(公議)는 막기 어려운 것이니 선조(先朝)의 구신(舊臣)이라는 것으로 어렵게 여겨서는 안되고 국상(國喪)을 당하여 슬퍼하는 때라는 것으로 혐의해서도 안 됩니다. 유영경의 관직을 삭탈시키고 문외 출송시켜서 〈여정(輿情)을 통쾌하게 하고 공론(公論)을 펴게 하소서.〉
>
> 광해군일기[중초본] 1권, 광해 즉위년 2월 12일(1608년)

---

98. 파직된 유영경은 유배를 가고, 7개월 후인 광해 즉위년 9월 5일 광해군은 의금부의 낭청을 보내 유영경에게 자결하도록 명한다. 여기에 더해 북인은 유영경의 시체를 꺼내 목을 자르는 부관참시의 형벌까지 내린다.

이때, 이원익이 광해군 시대의 첫 영의정이 된 것은 다소 의외였습니다. 광해군의 핵심 세력은 북인들이었기 때문입니다. 아마도 당시 광해군은 유영경을 파직시키고 바로 북인들로만 조정을 채우기에는 모양새가 좋지 못할 수 있다는 것을 의식했을 것이고, 당파색이 옅은 이원익을 영의정에 발탁함으로써 대외적으로는 선조의 신하들과 함께하는 모습을 보여주려 했을지 모릅니다.

이원익이 영의정으로 발탁되던 2월 14일, 홍문관 부제학 송응순 등이 광해군의 형이었던 임해군을 역모 혐의로 고발합니다. 광해군은 자신의 형이 어찌 그러겠냐고 하면서도 진도로 유배를 보냅니다. 2월 20일에는 임해군을 다시 강화도 교동으로 옮깁니다. 이후 조정에서는 임해군을 죽이고자 하는 논의가 있었는데, 이때 이원익은 '은의겸진론(恩義兼盡論)'을 내세우며 임해군에게 역모에 대해 처벌은 하되 목숨만은 빼앗지 말 것을 주장합니다. 이원익의 온화한 입장은 임해군뿐만 아니라 훗날 영창대군과 인목대비, 그리고 광해군에까지 이어집니다. 생각이 다르거나 역모의 가능성만 있어도 피바람이 불던 시대적 상황을 고려한다면 이원익의 주장은 영의정이란 자리뿐만 아니라 자기 목숨을 걸고 한 말이기도 했습니다(말 한마디로 집안이 풍비박산이 될 수 있었습니다).

안 그래도 북인 세상에서 혼자 남인이었던 탓에 힘 한번 제대로 쓰지 못하던 영의정이었는데, 이러니 확실히 눈 밖에 날 수밖에 없었습니다. 그렇지만 1613년 계축옥사[99]가 일어날 때까지 이원익은 80여 번이 넘게 사직을 청하지만 받아들여지지는 않습니다. 이원익은 인목대비 폐서인 문제와 관련해서도 1615년 2월 상소를 통해 광해군에게 꿋꿋하게 자기 뜻을 밝힙니다.

지금 항간에 떠도는 말을 들으니, 머리를 맞대고 흉흉하게 하는 말이 '이로 인해 장차 대비(大妃)에게까지 미칠 것이다.'고 합니다. 신은 그만 놀라서 간담이 철렁 내려앉아 자신도 모르게 혼비백산하였습니다. 어미가 비록 사랑하지 않더라도 자식은 효도하지 않을 수 없는 것입니다. 모자간이란 그 명분이 지극히 크고 그 윤기가 지극히 중합니다. 성인은 인륜의 극치인데, 성명의 시대에 어찌 이런 일이 있겠습니까. 만일 조정에 과연 이 논의가 없었다면 신이 경솔히 항간의 말을 믿고 사전에 시끄럽게 한 것이니 그 죄를 피할 수 없을 것입니다. 바라건대 신이 함부로 말한 죄를 다스려 사람들의 의혹을 풀어주소서. 그러면 이보다 더 다행스러운 일이 없겠습니다. 임금 사랑하기를 아비 사랑하듯이 하는데, 소회가 있으면 반드시 그 아비에게 고하는 것은 자식의 지극한 정입니다. 신은 숨이 겨우 붙어 있어 머지않아 죽을 것입니다. 성은을 받은 것이 깊었으나 보답할 길이 없으므로 차자를 쓰다가 떨려서 문장이 제대로 되지 않았습니다. 처분을 바랍니다.

광해군일기[정초본] 87권, 광해 7년 2월 5일(1615년)

---

99. 박응서, 서양갑, 심우영 등 서얼 출신 일곱과 관련된 사건이라 하여 칠서지옥(七庶之獄)이라고도 한다. 1613년 3월 박응서 등은 문경새재에서 상인과 시비가 붙어 죽였는데, 이를 이이첨 등이 부풀려 김제남(인목대비의 아버지)이 영창대군을 왕으로 추대하려 했다는 사건으로 조작했다. 이후 김제남과 여러 신하가 죽었으며, 영창대군은 강화도로 유배를 가서 죽고 인목대비는 폐위되어 서궁에 유폐되었다.

이 일로 임금을 모함하였다 하여 사헌부와 사간원의 관원들이 이원익을 벌주라는 상소를 거듭 올리자 결국 홍천으로 유배를 보냅니다. 유배 되었을 때 정인홍은 이원익을 극형에 처해야 한다고 주장하기도 합니다.

공정함을 잊지 않았던 이원익 다시 영의정으로

이원익은 홍천에서 여주 여강으로 유배지를 옮기는데, 유배된 지 3년여 만인 1619년 유배지에서 풀려나게 됩니다. 조정에서 주는 녹봉만으로 생활했던 이원익은 유배를 가게 되면서 매우 가난해졌고, 돗자리를 만들어 팔며 입에 풀칠만 하고 살았다고 합니다. 얼마나 가난했던지 두어 칸의 초가집은 주먹이 들어갈 정도의 구멍이 나 있어서 비바람을 제대로 막지 못할 정도였다고 합니다. 그래도 이때 여강에서의 삶은 마음은 편했던 듯합니다. 비록 끼니를 때우지는 못했으나 낚시도 하고 거문고도 켜며 세월을 보냈습니다.

유배에서 풀려나고 다시 3년여가 지난 1623년 3월 12일 능양군 이종(인조)과 서인이 광해군과 북인을 몰아내고 정권을 차지하는 인조반정이 일어납니다. 반정에 성공하기는 했지만, 민심은 그리 좋지 못했습니다. 김장생의 《사계전서》에 보면 '계해반정 초기에 나라 사람들이 갑작스럽게 왕을 폐하여 바꾸었다는 소리를 듣고는 주상께 성덕이 있다는 것을 알지 못했던 탓에 상하 사람들이 모두 놀라 소용하여 향배가 정해지지 않았는데, 이를 위세를 가지고 진복(鎭服)시킬 수가 없어 이루 말할 수 없는 어려움이 있었다.'라는 이서의 말이 나옵니다. 인조는 좌의정 박홍구와 우의정 조정을 불러 영의정을 추천하라 명했는데, 이때 다시 이원익(李元翼)을 영의정으로 삼습니다. 이원익의 기용은 인조반정으로 세워진 조정에 선조와 광해군 대의 대신으로 정통성을 부여하고 민심을 진정시키는 것이 목적이었습니다. 《조선왕조실록》에 따르면 이원익이 서울로 들어올 때 백성들이 기쁜 마음으로 머리를 조아리며 맞았다 합니다.

광해군이 비록 이원익을 홍천으로 유배를 보내기는 하였으나 엄연히 광해군의 신하였습니다. 반정으로 세워진 조정에서 영의정을 다시 한다는 것은 선비로 또 신하였던 자로 있을 수 없는 일이었습니다. 하지만 백성들의 민심을 달래고 정국을 안정시키는 데 이원익만 한 인물은 없었습니다. 이원익도 자신의 역할과 소임을 다하기 위해 영의정에 다시 오릅니다. 이원익의 영의정 수락은 광해군에게 그나마 목숨을 보전하고 천수를 누릴 기회도 얻게 했습니다.

광해군이 강화로 유배를 가 있던 4월 11일 인목대비는 36조의 죄목을 들어 인조와 대신들에게 광해군을 죽이라 합니다. 그런데 그때 인목대비의 화가 얼마나 컸던지 광해군에게 폐주(廢主)라 하지도 말라 합니다. 광해군에 의해 아홉 살이었던 아들 영창대군은 뜨거운 방 안에 갇혀 굶어 죽었고, 인목대비의 아버지였던 김제남은 역도로 몰려 사사되었고, 어머니는 8년 동안 제주에 유배되기도 했습니다. 인목대비가 화를 내고 광해군에게 죽음을 내리고자 하는 것은 어쩌면 당연하다 할 수 있습니다. 그런데 이때도 이원익은 몇 가지 근거와 더불어 광해군과 군신의 관계에 있던 자신들의 입장을 내세워 광해군을 살려줄 것을 인조와 대비에게 청합니다.

결국 인목대비는 자기 뜻을 꺾고 광해군과 그의 아들 이지를 살려주기로 합니다. 그런데 1623년(인조 1년) 5월 22일 폐세자 이지와 폐세자 빈이 땅굴을 파고 도망가다 잡히는 사건이 발생합니다. 폐세자 빈은 잡힌 지 3일 만에 스스로 자결하게 되는데, 인목대비와 대신들은 폐세자를 죽이라 청합니다. 이때도 이원익은 폐세자를 살려주자고 합니다. 이런 이원익을 보고 대사헌 이귀는 '대신이 저 모양이니 앞으로 어떻게 기대할 수 있겠습니까.'라며 망신을 줍니다. 결국 폐세자는 6월 25일 자결을 명받고 스스로 명주실에 목을 매어 죽습니다. 이원익은 다시 한 번 사직을 청합니다.

임금의 존경과 사랑을 받다

인조로서도 광해군을 살려주자는 이원익이 그리 달갑지는 않았을 듯합니다. 왜냐하면 반정으로 왕위에 올랐기에 광해군이 살아 있다 보면 언제든 반란이 일어날 수 있는 위험이 있었기 때문입니다. 하지만 인조는 오히려 한결같이 공정함을 잃지 않았던 이원익을 높게 평가합니다. 반정 초기부터 중용하여 영의정으로 삼았고, 나라에 위급함이 있을 때마다 이원익을 찾았습니다.

1624년(인조 2년) 이괄의 난이 일어났을 때는 이원익을 도체찰사로 임명하여 총지휘관의 역할을 맡기고 공주까지 함께 피난을 가기도 합니다. 이원익은 이때 이미 일흔일곱 살의 노인에다 지병이 있었음에도 인조를 끝까지 보필합니다. 1627년 인조 5년 1월 13일에는 후금이 조선을 침입하는 정묘호란이 일어납니다. 이원익은 영중추부사(명예직)로 나라의 위급함에 조정 회의에 참여하는데, 이때도 인조는 이원익을 체찰사로 임명하며 도움을 청합니다. 조정에서는 인조와 소현세자를 나누어 피난 가도록 하는데, 후금이 바다에서의 싸움에 약한 것을 이유로 인조는 강화도로 가고 소현세자는 전주로 갑니다. 이원익은 소현세자와 함께 전주로 피난 갔다가 다시 강화도로 가서 인조를 모십니다. 인조는 정묘호란이 끝나고서는 이원익에게 훈련도감이란 직책을 명하기도 하는데, 이원익은 나이가 들고 지병이 있음을 이유로 곧 사직합니다. 이렇게 인조는 이원익을 신뢰했으며, 존경하며 소중히 여겼습니다.

한때 폐세자의 처리 문제로 대사헌 이귀가 이원익에게 말을 함부로 해 이원익이 사직을 청한 적도 있습니다. 이때 이원익은 병이 있어 출근하지 못하고 사직 상소만 올렸는데, 인조가 집까지 친히 문병을 가려 했다고 합니다. 그래서 어쩔 수 없이 이원익이 조정에 나아와 사직의 뜻을 내비쳤으나, 인조는 이원익의 사직을 만류합니다. 그러면서 '일 년 내내 침실에 누워 있어도 관계가 없다. 나는 경이 출근하는 것을 원하는 것이 아니고 단지 집에 있으면서 듣고 살피기를 원할 뿐이다.'라며 인조 1년 7월 25일 궤장

〈사궤장연감기로회도〉, 1623년,
종이에 채색, 51.1×32.7cm, 국립
중앙박물관 소장

¹⁰⁰을 하사합니다. 이원익이 궤장을 받
던 그날의 기록은 현재 '임금의 궤장 하
사를 기념하고 기로회를 축하하는 그림'
인 《사궤장연감기로회도》로 남아 있습
니다.¹⁰¹

  인조의 이원익에 대한 배려는 궤장으
로 끝나지 않습니다. 1626년(인조 4년) 2
월 기록을 보면 '유사(有司)에게 명하여
영상 이원익이 거처할 곳을 수리하게 하
니 이원익이 차자를 올려 사양하였으나
상이 허락하지 않았다.'라고 합니다. 인조가 이원익을 얼마나 아꼈
는지 볼 수 있는 대목입니다. 그런데 얼마나 정승의 집이 낡았으면
임금이 집을 수리해 주라고 했을까요? 청렴했던 이원익은 40여 년
이나 정승을 했지만 사사로이 권력을 휘두르지 않아 따로 쌓이는 재
물이 없었고, 녹봉만으로 생활해야 했기 때문에 부유하지 못했습니
다. 그렇다 보니 집도 낡을 수밖에 없었지요. 1631년(인조 9년) 1월
기록을 보면 인조의 깊은 배려를 다시 한 번 알 수 있습니다. 인조가
승지를 보내 이원익이 어떻게 살고 있는지 알아보라 했는데, 이원익
의 궁핍함이 말이 아니었습니다. 기력이 쇠할 때로 쇠한 이원익은

---

100. 임금이 나이가 많은 신하에게 하사하는 의자와 지팡이를 일컫는다.
101. 이원익의 인조에게 받은 궤장은 그림 상단의 소나무 옆에 있다. 기로회는 70세가 넘은 정2
    품 이상의 덕망 있는 신하들의 모임이다.

조선 시대, 궤장은 영예로운 것[102]

조선 시대에는 여러 가지 제도적 장치를 두어 나이 든 신하에게 경로의 뜻을 전했습니다. 70세가 넘은 정2품 이상의 관료들은 기로소에 들어가 국가 원로의 지위를 얻었고, 80세가 넘으면 노인직으로 자급을 올려 받았습니다. 그러나 무엇보다 영예로웠던 것은 궤장을 하사받는 것이었습니다. 궤장은 통일 신라 시대부터 조선 시대까지 여러 왕조에서 70세 이상의 연로한 대신에게 내린 하사품입니다. 관직이 정1품에 이르고 70세가 넘어, 관직에서 물러나기를 청할 때 왕은 이를 허락하지 않고 궤장을 하사하여 그를 관직에 머물게 했던 사궤장 제도를 말합니다.

혼자 돌아다닐 수조차 없이 늙고 병들었는데 집은 낡아서 비바람이 들이쳤습니다.

이러니 이원익을 아끼지 않을 수 없었습니다. 인조는 자신이 이원익을 존경했던 이유를 들어가며 이불과 요를 주고 집까지 지어주라 합니다. 게다가 이원익의 청렴하고 소박한 삶을 '보고 느끼게

관감당(이원익 종택)[103]

---

102. 박정혜, 〈70세 넘은 관직 1품 名臣에 궤장 하사… 국정경험 예우하는 '경로잔치'〉, 《문화일보》, 2022.4.22.
103. 병자호란 때 훼손되어 1916년에 다시 세웠다.

하고자 한다.'라는 뜻으로 '관감당(觀感堂)'이란 이름도 지어줍니다. 어찌 보면 이원익의 말년은 임금에게 집을 하사받을 정도로 존경과 사랑을 듬뿍 받았기에 행복하다 할 수 있습니다.[104] 이원익의 공정하고 청렴했던 관직 생활에 대한 작은 열매라 할 수 있습니다.

파란만장한 삶을 살았던 이원익은 1634년 여든일곱 살의 나이로 세상을 떠납니다. 세 명의 임금을 모시면서 다섯 번의 영의정을 했던 이원익은 맡은 일에 공정함을 잃지 않았고, 소신을 굽히지 않았으며, 조선이 위기에 처할 때마다 자신보다는 조정을 먼저 생각하는 충직한 신하였습니다. 일찍이 선조는 "여러 신하 중에 오직 모(某 이원익)만이 정승으로 삼을 만한데, 다만 그 사람이 남과 화합하는 일이 적으므로 나는 그를 잘 쓰지 않았으나, 모름지기 성심으로 그 사람을 써라."라며 광해군에게 말하기도 했답니다. 선조와 광해군, 그리고 인조까지 이원익이란 사람을 제대로 본 것입니다.

오늘날 우리의 정치인들은 어떤가요? 이원익처럼 나라와 국민을 앞세우며 공정한 정치를 하고 있을까요? 맡은 자리에서 자신의 안위만을 생각하여 그 책임을 다하지 못한다면, 또 사사로운 정에 이끌려 공명한 판단을 내리지 못한다면 우리 사회는 훨씬 더 많이 힘들고 어려운 일들을 마주하게 될지 모릅니다. 21세기를 살아가는 우리에게도 이원익의 청렴하고 공정함을 잃지 않는 그 삶은 좋은 본보기가 되리라 생각합니다.

---

104. 임금에게 집을 하사받은 사람으로는 세종 대의 황희와 인조 대의 이원익 그리고 숙종 대의 허목(이원익의 손녀사위) 세 사람만 있다.

걸으며 읽는 ❝❝
역사 이야기

충현박물관과 이원익 종택 둘러보기

경기도 광명시 오리로347번길 5-6. 얼핏 도로명만 보고 오리가
많이 살고 있어서 그런가 할 테지만, 이곳은 오리 이원익의 종택 및
이원익이 살았던 관감당이 있는 곳으로 경기도 문화재자료 제90호
입니다. 광명시에서는 이원익의 호를 따서 도로 이름을 오리로라고
붙였습니다. 이원익이 광명에서 말년을 보냈는데, 인조가 이원익의
가난을 안타까워하며 관감당을 지어줬습니다. 관감당 주변에는 이
원익 부부의 묘소 종택과 충현박물관, 이원익의 위패를 모셨던 충
현서원지가 있습니다.

이원익 부부의 묘소는 종가에서 관리하고 있어 관람이 어렵고,
이원익 종택과 충현박물관은 둘러볼 만합니다.

충현박물관은 종택 내에 충현관이란 건물을 사용하고 있는데 그리 크지는 않아서 20분 정도면 꼼꼼하게 전체를 둘러볼 수 있습니다. 충현박물관에 전시되어 있는 유물 중 눈여겨 볼 만한 것은 이원익의 시문집인《오리집》과 관감당 편액, 오리영우 편액과 열쇠패 등입니다.

《오리집》

《오리집》은 1691년 이원익의 증손인 이상현 등이 편집·간행한 원집과 1705년 현손이 편집·간행한 속집이 있습니다. 《오리집》은 국립중앙도서관과 고려대학교 도서관 등 여러 곳에 보관되어 있는데, 이원익이 관직 생활을 하며 조정에 보냈던 보고문과 사직·상소 등의 글이 실려 있습니다. 특히 임진왜란 전후의 국내 정치 상황과 전투 상황 등이 실려 있어 유성룡의《징비록》, 이순신의《난중일기》와 더불어 임진왜란을 연구하는 데 큰 도움이 되는 사료로 평가받고 있습니다.

'관감당 편액'은 인조 임금이 이원익에게 하사한 집의 편액입니다. 관감당은 조선 시대 임금이 하사한 집 가운데 유일하게 현재까지 보존된 집으로 의미가 있습니다. '관감당'이란 이름은 앞서 언급했듯이 '내가 집을 하사하는 이유는 신민들이 그대의 청백리의 삶

관감당 편액

관감당

안채와 문간채

의 자세를 보고 느끼게 하고자 한다.'라는 구절에서 따온 것으로, 이원익의 청렴한 삶을 엿볼 수 있습니다. '관감당'이란 글씨를 누가 썼는지는 알려져 있지 않습니다.

관감당은 정면 5칸 측면 1칸 반 규모로 지어졌었는데, 1916년 고쳐서 다시 지었다고 합니다. 관감당 주변에는 'ㄱ'자형 안채와 'ㄴ'자형 문간채가 안마당을 중심으로 'ㅁ'자형으로 배치되어 있습니다. 1917년에 건립된 안채는 경기도 살림집의 특징을 엿볼 수 있습니다. 종택 뒤편으로 효종 9년 강감찬과 서견, 이원익을 추모하고자 지었던 충현서원 터가 남아 있습니다. 충현서원은 1871년(고종 8년)에 흥선 대원군의 서원철폐령으로 철거된 것으로 추정하고 있습니다.

햇살 따듯한 날
와 보라냥!

오리영우

오리영우 편액

오리영우 열쇠패

　박물관에 있는 '오리영우 편액' 또한 볼 만합니다. 편액의 글씨는 숙종 대에 대사헌과 경연관을 역임한 문신 이관징이 썼습니다. 이관징은 글자의 모양이 가장 똑바른 서체인 해서체에 매우 뛰어났다고 전해지는데, 초상화를 보관하고 있는 사당인 만큼 반듯하게 해서체로 썼습니다. '오리영우'에 있는 이원익 선생의 초상화를 보면

탄금암

오른손의 엄지손가락과 왼손의 새끼손가락의 손톱이 기다란 것을 볼 수 있습니다.

　우리나라 초상화를 보면 보통은 손이 보이지 않도록 옷소매 속에 숨겨 그리는데, 이원익이 바위에 앉아 거문고를 즐겨 연주했기 때문에 손이 보이도록 그렸습니다. 보통 가야금은 소리가 가늘고 화려한 음색을 내기 때문에 여성적 악기라 하고, 거문고는 굵고 깊고 웅장한 음색을 내기 때

문에 남성적 악기라 합니다. 종택에 가면 이원익이 거문고를 연주했던 '탄금암'이란 널찍한 바위도 볼 수 있습니다.

02 정조의 화성 부흥기로 공정을 다시 생각하다

#공정

〈낙남헌방방도〉 중 일부, 최득현, 1795년,
비단에 채색, 151.5×66.4㎝, 국립중앙박물관 소장

공정이란 무엇인가?

혹시 시험성적 때문에 스트레스를 받아 잠을 못 자거나 스스로에게 화를 내고 있지는 않나요? 저도 가끔은 즐겁게 뛰놀던 어린 시절로 돌아가고 싶다는 생각을 하다가도 '시험'을 떠올리면 고개를 절레절레 흔들게 됩니다. 왜냐고요? 다시 과거로 돌아가면 대학에 가기 위해 시험을 봐야 하고, 대학을 졸업한 후에는 취직을 위한 면접과 시험을 통과해야 하기 때문이지요.

그런데 우리가 보는 시험이 공정하지 않다면 어떨까요? 예를 들어 나만 빼고 시험을 보거나, 사는 곳에 따라 합격의 기회가 주어진다면 어떨까요? 아마도 많은 사람이 모여 공정하지 않다며 큰 시위를 벌이지 않을까요? 시위 중에는 "말도 안 된다.", "이런 법이 어딨느냐?", "책임자 나와라!" 등과 같은 말이 나오지 않을까요?

그런데 조선 시대에 이런 말도 안 되는 일이 일어났습니다. 언제냐고요? 1795년 정조가 화성 행차를 했을 때이지요. 《조선왕조실록》에는 이렇게 기록되어 있습니다.

> 우화관(于華觀)에서 선비를 시취(試取)하고 낙남헌(洛南軒)에서 무관을 시취하였다. 이어 친림(親臨)한 자리에서 급제자를 발표하였는데, 문인 중에서는 최지성(崔之聖) 등 5인을 뽑고 무인 중에서는 김관(金寬) 등 56인을 뽑았다.
>
> 《정조실록》 42권, 정조 19년 윤2월 11일(1795년)

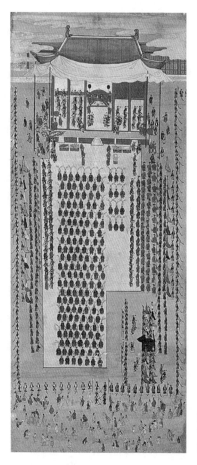

낙남헌방방도[105], 최득현,
1795년, 비단에 채색, 151.5×
66.4cm, 국립중앙박물관 소장

이때 정조는 수원부와 인근 고을 사람만 과거를 볼 수 있게 했습
니다. 우화관에서는 문과, 낙남헌에서는 무과 특별 과거를 실시했
습니다. 이 시험으로 문과에서는 5명의 급제자가 나왔는데 광주(경

---

105. 정조의 화성 행차 셋째 날, 오전에 과거를 실시한 후 오후에 합격증과 어사화를 수여하는
　　 모습이다.

기도), 시흥, 과천에서 각 1명 그리고 수원에서 2명이 뽑혔습니다. 그리고 기록에 나와 있지는 않지만 무인 56명 중 수원 화성 장용영 **106**에 소속된 사람이 다수였다고 합니다. 아니 어떻게 수원과 수원 인근에서만 급제자가 나올 수 있었을까요? 자꾸 수상한 생각이 듭니다. 정조 시대로 가서 왜 이런 일이 일어났는지 한번 살펴볼까요?

정조, 그는 누구인가?

정조는 1752년 9월 22일에 창경궁 경춘전에서 태어났습니다. 태몽은 사도세자**107**가 꾸었다고 하는데, 혜경궁 홍씨가 정조를 잉태하기 두어 달 전인 1751년 겨울, 용이 여의주(구슬)를 안고 창경궁 경춘전 안에서 한참을 놀다가 사도세자의 품 안에 들어왔다고 합니다. 훌륭한 아이가 태어날 것으로 짐작한 사도세자는 깨자마자 꿈에서 본 용을 흰 비단에 그려 경춘천 벽에 걸어 놓았다고 합니다.

> 탄생하기 하루 전에 큰비가 내리고 뇌성이 일면서 구름이 자욱해지더니만 몇십 마리의 용이 굼틀굼틀 하늘로 올라갔고 그것을 본 도성의 인사들 모두는 이상하게 여겼었다.
>
> 《정조실록》 1권, 정조대왕 행장(行狀) 중에서

---

106. 왕을 보호하고 왕의 권위를 높이기 위해 만든 조선 시대 최고의 군사들이 모인 부대
107. 조선의 제21대 왕인 영조의 둘째 아들로, 영조의 노여움을 사서 뒤주에 갇혀 죽었다.

창경궁 경춘전. 성종 시절에 세워졌다. 임진왜란으로 불타자 광해군이 중수했고, 순조 시절에 다시 불에 타자 몇 년 후 재건했다.

정조는 구름이 자욱하고 천둥소리가 치는 밤에 태어났습니다. 하늘에는 몇십 마리의 용이 꿈틀거리며 하늘로 올라갔습니다. 그런데 이 모습을 한양 도성 사람들이 모두 보았다고 전해집니다. 태어날 때부터 범상치 않았던 거죠. 할아버지인 영조는 손자 정조가 태어났을 때 앞이마와 뒷머리가 자신을 닮았다며 기뻐했다고 합니다. 물론 실록의 '행장'이 평생의 업적을 기록한 것이다 보니, 정조가 남달랐음을 과장해서 표현했겠지만요.

정조는 유년기 시절 기록을 보면 백일이 안 되어 일어서고, 일 년이 못 되어 걸어 다녔으며, 말도 배우기 전에 문자를 보면 좋아하고, 효자도(孝子圖)·성적도(聖蹟圖) 같은 그림 보기를 좋아했다고 합니다.

조선 시대 왕 중에서도 백성을 위한 정치를 한 왕으로 손꼽히는 만큼, 갓난아기 시절부터 남달랐던 것 같습니다. 하지만 정조의 어린 시절은 그리 행복하지 않았습니다. 정조가 열한 살이 되던 1762년 5월 13일에 아버지인 사도세자의 정신 상태가 온전하지 못해 결국 폐서인이 되고 뒤주에 갇힌 지 8일 만에 세상을 뜹니다. 조선왕조 500년 중에 아버지가 아들을 공식적으로 죽인 유일한 사건[108]입니다. 그래서 사도세자의 죽음을 두고 여러 주장이 있습니다.

> 첫 번째, 사도세자는 잘못을 많이 한 죄인이기 때문에 영조가 죽인 것
> 이다.
> 두 번째, 사도세자는 주위 신하들의 모함을 받아 죽었다.
> 세 번째, 사도세자는 병이 깊어 아버지인 영조까지 죽이려 했기 때문에
> 어쩔 수 없이 죽였다.

첫 번째 주장은 기득권을 가졌던 노론 쪽의 입장입니다. 그런데 이것이 옳다면 정조 또한 죄인의 자식으로 정통성에 문제가 생깁니다. 두 번째 주장은 노론과 반대쪽인 소론과 남인의 입장입니다. 이건 오히려 아무 잘못 없는 사도세자를 죽인 것이 되기 때문에 이번에는 영조가 큰 잘못을 한 것이 됩니다. 세 번째 주장은 혜경궁 홍씨와 영조 그리고 정조의 입장입니다. 사도세자는 병이 깊

---

108. 인조 때 소현세자가 병들어 죽었다는 기록이 남아 있긴 하지만 여러 정황으로 보았을 때 아버지인 인조에 의해 독살되었다는 것이 정설로 받아들여지고 있다.

사도세자가 갇혀 죽었다는 뒤주. 화성행궁 한편에서 볼 수 있다.

여기서 잠깐!

노론 vs 소론

오늘날에도 각 정당끼리 서로를 비난하며 싸웁니다. 조선 시대에도 오늘날 정당처럼 여러 당파가 있었습니다. 무려 200여 년 동안 계속된 당파 간 싸움의 원인은 권력을 차지하고 지키기 위함입니다.

영조는 당파 간의 싸움을 막기 위해 모든 당파를 고루 기용하는 탕평 정치를 펼쳤습니다. 하지만 오랫동안 이어져 온 당파 싸움은 쉽게 수그러들지 않았습니다.

정조는 아버지 사도세자의 죽음의 원인 중에 당파 싸움도 있었다는 것을 너무 잘 알고 있었습니다. 하지만 왕위에 오른 정조는 모든 당파가 화합할 수 있도록 당파에 상관 없이 좋은 인재를 뽑는 것은 물론 서로 다른 의견을 내세울 때는 토론을 하여 좋은 의견으로 결론을 이끌었습니다.

었기 때문에 어쩔 수 없이 종묘사직을 위해 죽일 수밖에 없었다는 겁니다.

혜경궁 홍씨의 《한중록》은 세 번째 입장에 근거하여 썼다고 볼 수 있습니다. 사도세자의 죽음에서 벗어날 수 없는 혜경궁 홍씨와 영조 그리고 정통성이 위협받는 정조를 위해서는 세 번째 주장이 모두에게 좋은 근거가 됩니다. 실제로 사도세자의 어머니인 경빈 이씨가 영조에게 아들을 죽이도록 간청했다고 합니다. 아마도 정조를 살리기 위한 어쩔 수 없는 간청이지 않았나 생각합니다. 후에 영조는 정조의 정통성을 위해 사도세자의 죽은 형인 효장세자의 양자로 들어가도록 합니다.

사도세자가 죽은 후 정조의 하루하루는 죽음과 맞닿아 있는 위험의 연속이었습니다. 아버지를 죽인 노론 세력이 언제 정조를 죽일지 알 수 없었습니다. 정조는 세손 시절부터 밤이면 측근 홍국영에게 동궁전 문밖에서 한 손에 칼을 차고 지키게 하고, 밤새 책을 보았습니다. 심지어 왕이 된 이후에도 일부 노론 세력이 암살[109]을 시도하기도 합니다. 마침내 정조는 1776년 3월 10일 경희궁 숭정전에서 왕위에 오릅니다. 임금이 된 정조의 첫 외침이 남다릅니다.

"나는 사도세자의 아들이다."

---

109. '정조 시해 미수사건'으로도 불리는 정유역변은 1777년에 있었던 일로, 당시 아버지 홍지해를 귀양 보낸 정조에게 불만을 가진 홍상범 등이 사도세자의 아들(서자) 은전군을 추대하려고 했다.

드디어 정조의 시대가 열렸습니다. 제일 겁먹었을 사람들은 노론 대신들입니다. 사도세자를 죽음으로 몰아넣고, 호시탐탐 정조가 죽기 바랐던 그들로서는 최악의 미래가 다가온 것이지요. 하지만 조선 후기 최고의 성군인 정조는 달랐습니다. 세손 시절 잠도 안 자면서 공부했던 건 복수를 위한 게 아니었습니다. 어떻게 하면 신하와 왕이 조화롭게 정치를 하여 백성들이 편안하게 살 수 있을까였습니다.

강력한 개혁가 정조

〈규장각도〉, 김홍도, 1776년, 비단에 채색, 144,4×115,6cm, 국립중앙박물관 소장

정조는 여러 개혁 정치를 통해 왕권 강화도 이루는 한편 백성들의 편안한 삶도 이루려고 노력합니다. 대표적인 개혁으로는 규장각의 변화와 장용영의 신설 그리고 화성 축조를 들 수 있습니다.

정조는 세조 때 만들어진 규장각에 새로운 변화를 줍니다. 규장각에 측근 신하들을 배치하여 조선의 정치, 사회, 문화 전반에 대한 다양한 정책들을 만들어 내기도 하고, 초계문신[110]들을 재교육하면서 정조의 개혁안을 적극

장용영 군사들의 수위 의식   장용영 군사들의 무예24기 시범 공연

적으로 수용하고 실천할 수 있도록 합니다. 규장각은 노론 대신들에 둘러싸여 있던 정조에게 꾸준히 측근 신하들을 양성하는 근거지역할을 합니다. 규장각에는 노론과 소론뿐 아니라 남인 그리고 서얼까지도 수용하여 실질적인 탕평과 더불어 조선의 신분 질서를 허물기도 했습니다. 당연히 노론 세력이 반발하기는 했지만, 군주의 강력한 개혁을 막지는 못합니다.

또한, 정조는 장용영이라는 새로운 부대를 만듭니다. 국왕을 호위하며 안전을 책임지는 숙위대장에 최측근인 홍국영을 임명하여 신변에 대한 안전이 어느 정도 보장되기는 했지만, 군사 조직 대부분이 노론의 손아귀에 있었습니다. 어느 정도였냐면, 사도세자가 죽을 때 뒤주 옆에서 조롱했던 구선복[111]이란 자를 벌하지 못하고 있었으니까요. 하지만 장용영 설치를 통해 정조는 기존 5군영에 영

---

110. 규장각에 소속되어 재교육 과정을 밟던 37세 이하의 나이 어린 문신
111. 임오화변 당시 포도대장으로 사도세자의 뒤주를 지켰다. 노론에 속하였으며 병조판서와 판의금부사가 올랐으나 1786년에 조카 구명겸과 함께 역모죄로 능지처참 되었다.

향을 미치던 노론의 힘을 약화하고, 자신의 직속 군대를 갖게 되면서 왕권을 강화했습니다.

그리고 정조는 사도세자의 수은묘를 지금의 화성으로 이장하고 주변 민가들을 지금의 수원으로 옮기고 화성을 축조합니다. 화성은 축조부터 운영까지 실학 사상가들의 다양한 정책과 연구 결과가 실현된 곳이라 할 수 있습니다. 수원부 토지는 국가 소유를 원칙으로 농민에게 균등하게 나눠 주도록 했는데, 특히 장용영 군사 중 반은 국가의 땅인 둔전에서 농사를 짓고, 반은 훈련을 받으며 군인의 의무를 하도록 합니다. 둔전에서 나오는 것으로 군인의 급료를 주면 되기 때문에 군대를 운영하는 데 별다른 돈이 들어가지 않는 병농일치를 실현합니다. 또한 화성의 팔달문과 장안문 사이에 큰 시장을 조성하는데 이때 무상으로 돈을 빌려주는 등 다양한 유인책으로 시장이 번성할 수 있도록 합니다.

또한 정조는 순조가 열다섯 살이 되는 1804년을 개혁의 또 다른 시작으로 계획합니다. 유교에서 열다섯 살은 관례(성년식)를 치르게 되는데, 이때부터 순조가 친정[112](親政)을 할 수 있어 정조는 상왕으로 물러날 수 있습니다. 순조는 서울에서 조선을 다스리고, 정조는 자급자족 계획도시인 화성을 다스리며 강력한 왕권을 완성하고 지속해서 개혁하고자 했습니다. 더불어 '사도세자를 복권하지 말라'는 영조의 유훈을 지키면서, 아들인 순조를 통해 복권하려는

---

112. 임금이 직접 정사를 맡아 다스리는 것을 말한다.

계획도 가지고 있었지요. 정조의 '갑자년 프로젝트'라 할 수 있을 정도로 치밀하게 준비된 계획이었습니다.

하지만 1799년 측근이었던 채제공[113]과 조심태[114]의 잇단 죽음으로 개혁의 동력을 잃게 됩니다. 그리고 그다음 해인 1800년 6월 28일, 창경궁 영춘헌에서 정조가 갑자기 승하하면서 모든 계획은 수포로 돌아갑니다. 화성에 비축해 두었던 쌀과 돈은 모두 서울로 올라가고, 장용영과 규장각도 그 역할과 기능을 잃어버리게 되었습니다.

공정을 다시 생각하다!

17세기부터 과거제에 여러 문제가 있었습니다. 어떤 문제냐고요? 바로 부정행위가 공공연하게 벌어졌다는 것입니다. 예를 들어 먼저 작성한 사람의 답안지를 돌려보고, 답안지 제출 후 다른 사람에게 정답을 알려 주고, 머리를 맞대고 같이 문제를 푸는 등 다양한 방법의 부정행위가 있었습니다. 게다가 과거에 참여하는 사람이 많다 보니 채점이 제대로 이뤄지지 않았고, 답안을 먼저 제출하는 사람 중에서 급제자가 나왔습니다. 뿐만 아니라 필요 인원보다 더 많은 급제자를 선발해 관직에 나가지 못하는 경우도 생겼습니다. 이

---

113. 정조가 신뢰한 신하로 사도세자의 죽음을 끝까지 반대한 인물이다. 정조 대에 재정을 튼튼히 하고 당파를 조정하는 일을 맡았으며, 초대 화성 성역의 총책임자인 총리대신을 맡아 화성 축성을 성공리에 마쳤다.
114. 1789년에 수원부사로 임명되어 사도세자의 임명 및 화성건설을 지휘했다.

신풍루. 화성행궁에 가면 맨 처음 보이는 정문이다. 정조 임금이 말을 타고 들어갔다고 전해지는데, 문의 높이가 낮게 복원되었다. '신풍'이란 말은 '왕의 새로운 고향'을 뜻하는 말로 정조가 수원을 고향으로 여긴다는 뜻이 담겨 있다.

렇게 공정해야 할 시험이 공정하지 못했고, 인재를 선발해야 하는 시험으로서의 기능도 하지 못했습니다.

정조는 개혁 정치를 하기 위해 측근에서 보필할 조선 최고의 인재가 필요했습니다. 때문에 과감하게 횟수와 급제 인원[115]을 줄이고 최고의 실력을 갖춘 정조 자신이 문제를 내는 등 과거에 적극적으로 관여하기도 했습니다.

그런데 그렇게 중요했던 과거에 왜 수원부와 인근 고을 사람만 급제했을까요? 1795년 과거시험은 나라의 경사가 있어 서울이 아닌 수원부에서 치른 외방별시였습니다. 그래서 정조는 혜경궁 홍씨

---

115. 영조 때에는 과거시험이 연평균 2.3회 급제자는 회당 40.8명이었는데, 정조 때에는 연평균 1.6회 급제자는 회당 7.6명이었다.

의 회갑을 축하하기 위해 장수를 기원하는 글을 짓도록 문제를 내기도 했습니다. 정조는 이를 통해 장용영 무사들의 노고를 위로하고, 지역의 선비들을 격려하고자 했습니다. 그래서 수원과 수원 인근 마을 그리고 장용영에서 급제자들이 나올 수밖에 없었던 것입니다. 정조와 혜경궁 홍씨의 수원부 행차(화성 행차)는 이렇게 화성을 통해 이루려고 했던 정조의 개혁 프로젝트 중 하나였습니다. 어떤가요? '을묘년 과거시험'을 이런 역사적 맥락에서 본다면 다르게 보이지 않나요? 때로는 모두 다 똑같은 출발선에서 출발하는 것이 공정이 아닐지도 모릅니다. 어리고 약한 사람을 배려해서 우리는 조금 뒤에서 출발하는 것은 어떤가요? 아예 다시 생각해 보면 우리 사회는 애초에 모두 다 똑같은 출발선에 서 있는 것이 아닐지도 모릅니다. 그래서 권력을 가진 사람들이 갖는 '공정함'은 참 중요합니다. 백성을 생각하고, 서울이 아닌 변방에서 개혁을 꿈꾸었던 정조의 '공정함'을 곱씹어 생각해 보았으면 합니다.

정조가 죽기 직전 마지막으로 만나면서 아들인 순조를 부탁했던 김조순[116]은 안동 김씨로 조선 후기 세도정치의 서막을 올린 사람입니다. 또한 영춘헌에서 정조의 죽음을 지켜보았던 정순왕후는 수렴청정하는 동안 대대적으로 조선에서 정조 지우기에 앞장섰습니다. 더는 화성에 대한 지원을 하지 않았고, 화성에 차곡차곡 모아두었던 쌀과 돈도 모두 거두어갔습니다. 장용영을 해체하고 규장각

---

116. 1802년(순조 2년) 김조순의 딸인 순원왕후 김씨가 중전으로 간택되어 왕의 장인이 되었다.

은 다시는 개혁의 산실이 되지 못하도록 만들었습니다. 또한 혜경 궁 홍씨의 동생 홍낙임이 천주교를 믿었다는 이유로 제주도로 유배 를 보내어 죽음을 맞게 합니다. 역사에서 만약이라는 게 소용없는 일이기는 하지만 만약 정조의 프로젝트가 성공했다면 60년 세도정 치로 조선이 허무하게 외세 앞에 무릎을 꿇는 일은 없지 않았을까 요? 좀 더 공정한 세상이 펼쳐지지는 않았을까요?

걸으며 읽는 👣
역사 이야기

사도세자와 정조를 위한 사찰, 용주사

경기도 화성시에 가면 용주사란 사찰이 있습니다. 854년(문성왕 16년)에 창건한 갈양사가 그 시작이라고 하는데 정확한 사료는 없습니다. 용주사는 1790년(정조 14년)에 서울에 있던 사도세자의 묘인 영우원(후에 현륭원으로 바뀌었다가 고종 때에 융릉이 되었다)을 화성으로 이장하면서 사도세자의 명복을 빌기 위한 원찰로 만들어졌습니다. 왕실의 원찰로 만들어졌기 때문에 다른 사찰들과는 사뭇 다른 모습을 하고 있습니다. 왕릉이나 궁궐 혹은 관아 같은 곳에 세워져 있어야 할 홍살문[117]이 만들어져 있고, 홍살문을 지나면 사

---

117. 능, 원, 묘, 궁전 등의 정면에 세우던 붉은 칠을 한 문. 둥근 기둥 두 개를 세우고 지붕 없이 붉을 살을 박았다.

홍살문

찰로 들어가는 삼문(三門)과 좌우 행랑이 길게 늘어서 있습니다. 삼문은 왕실 사람들이 드나들었기 때문이고, 좌우의 긴 행랑은 많은 사람들이 머물 수 있는 공간이 필요했기 때문입니다. 정조가 용주사에 들렀다는 기록은 없지만, 1791년 1월 원행 길에 현륭원 식목 현황을 직접 살펴보고 용주사에서 사도세자께 참배하였다고 전해집니다. 정조는 용주사를 각별하게 생각하여 많은 돈과 제사용품을 내려주는 한편 주지를 승군을 통솔하는 총섭으로 임명하기도 했습니다.

삼문 위에는 화려한 글씨체의 용주사라는 현판이 걸려 있습니다. 혹! 정조가 쓴 글씨인가 떠올릴 수도 있겠지만 절대 아닙니다. 이 현판은 일제강점기에 죽농 안순환이 쓴 글씨입니다. 안순환은 순종 때 궁중 음식을 책임지는 장선 출신으로 최초의 궁중 음식점인 명월관을 차린 인물입니다. 안순환의 사업은 순탄해서 꽤 많은 돈을 벌었다고 합니다. 1918년 명월관이 화재로 불타자 이완용의 집을 사들여 태화관을 열었는데, 이곳은 3·1운동 때 민족 대표 33인이 독립선언서를 낭독한 곳이기도 합니다. 안순환은 일제강점기 용주사의 주지였던 강대련 화상의 절친이었다고 합니다. 이 현판을 준

용주사 현판

현 판 일 부

절친에게 선물한 현판 정도로 생각하면 되는데, 강대련 화상의 인물 평가는 그리 좋지 못합니다.

강대련 화상은 1911년 용주사의 주지로 부임하여 1914년에는 친일불교단체인 조선불교 30본산지주회의 원장을 맡았습니다. 1917년엔 조선총독부 주관으로 조직된 조선불교시찰단의 일원으로 일본을 다녀오기도 합니다. 1928년 일본 천황 즉위기념장을 받았고 1935년 일본의 조선 통치 25주년을 기념하는 날 민간교화사업의 공로를 인정받아 총독부가 수여하는 은배(銀盃)를 받는 등 여러 친일 활동을 합니다. 용주사 첫 번째 건물인 천보루 뒤쪽에는 강대련 화상의 환갑을 기념하는 현판이 아직도 걸려 있는데 정조의 효심을 가리는 듯하여 아쉬움을 더합니다.

용주사에서 중심이 되는 건물은 여느 절과 마찬가지로 대웅보전

후불탱화

입니다. 보물 제1942호인 대웅보전만으로도 그 가치가 대단할 수
있으나 여기엔 숨겨진 보물이 하나 더 있습니다. 경기도문화재 제

용주사 동종

16호로 지정된 후불탱화입니다. 석가모
니불과 좌우로 아미타불, 약사여래불
을 김홍도가 참여하여 그렸다고 전해
지는데 서양식 음양화법이 적용되었다
고 합니다. 이 후불탱화에는 재미있는
비밀 하나가 더 숨겨져 있습니다. 현재
의 그림에는 4줄의 축원문(주상저하수

만세[정조], 자궁저하수만세[혜경궁 홍씨], 왕비전하수만세[효의왕후], 세자저하수만세[훗날 순조])이 있는데, 처음엔 이 축원문은 3줄이었다고 합니다('자궁저하수만세'가 추가

용주사 입구의 '승무' 시비

되었습니다). 아마도 용주사에 정조가 들러 후불탱화를 보고 수정하라고 지시하지 않았을까 싶습니다.

용주사는 대웅보전 외에 크게 볼거리가 있는 절은 아닙니다. 국보 제120호로 지정된 용주사 동종이 있긴 하지만 용주사의 것으로 보기에는 어렵습니다. 주물로 제작하는 범종에 글씨를 넣을 때에는 양각으로 새기기 마련인데, 용주사 동종에는 음각으로 쓰인 글씨가 있습니다. 아무래도 후대의 스님이 용주사라는 절에 오랜 역사를 덧씌우고 싶어 가져다 놓았지 않나 싶습니다.

용주사의 경내에는 조지훈의 '승무(승복을 입고 추는 춤)' 시비가 있습니다. 조지훈은 청록파 시인으로 우리 전통적 생활에 깃든 아름다움을 노래했습니다. 조지훈은 용주사의 '승무'가 유명하다는 이야기를 듣고, 용주사에 들러 바라춤 추는 모습을 보고 시를 썼다고 합니다. 이때 조지훈의 나이는 열아홉 살이었는데, 그 나이에 〈승무〉와 같은 시를 썼다는 것이 대단하게 느껴집니다. 용주사를 방문한다면 시비에 적힌 〈승무〉를 천천히 읽어보길 권합니다.

03 어린이의 영원한 동무, 방정환

형제애 🔍

세계 어린이 운동 발상지 탑(천도교 중앙대교당 앞)

어린이날의 탄생

초등학교 때를 돌아보면 언제가 가장 즐거웠나요? 방학하는 날도 즐겁고, 생일날과 성탄절도 즐겁겠지만, 뭐니 뭐니 해도 5월 5일 '어린이날'이지 않나요? 왠지 모르게 주인공이 된 것 같기도 하고, 무슨 일을 해달라고 해도 다 해줄 것 같고, 잘못을 저질러도 혼나지 않을 것 같은 날. 어른들보다도 어린이들이 귀하고 소중해지는 기분이 드는 날!

학교에서도 어떻게 하면 어린이들이 즐거울까, 뜻깊은 하루를 보낼까 하고 선생님들이 머리를 싸맨답니다. '어린이날' 맞이 체육대회를 하기도 하고, 선물을 곱게 포장해서 나눠 주기도 하고, 맛있는 간식을 준비해서 영화를 보기도 하며 그렇게 '어린이날'을 맞이하지요. 부모님들도 '어린이날'이면 용돈도 주고 싶고, 좋은 곳에 데려가 주고 싶기도 하죠. 빨간 날은 다 좋지만, 어린이들은 '어린이날'이 가장 좋겠죠? 이런 어린이날에 꼭 빠지지 않는 이름이 있습니다. 바로 '방정환'입니다.

방정환은 '어린이도 사람이다!'라고 목소리를 높이며 어린이 존중 사상을 널리 알린 사람입니다. 또한 '어린이'라는 단어를 만들고 공식화했지요. 어린이날을 기념한 지도 벌써 100년이 되었습니다. 이렇게 오랫동안 어린이날을 기념하는 이유는 무엇이고, 방정환은 왜 어린이날을 만들었을까요? 100년 전 역사의 현장으로 함께 떠나 볼까요?

어린이 운동 발상지, 천도교

창덕궁 돈화문에서 경복궁 방향으로 가다가 만나는 첫 번째 사거리에서 왼쪽 길로 들어선 뒤 5분 정도 내려가다 보면 '세계어린이운동발상지' 기념탑을 볼 수 있습니다. 그리고 그 뒤편으로는 천도교 중앙대교당이 자리 잡고 있습니다. 천도교? 어디서 들어본 듯한데 아마도 가물가물하죠? 우리 역사에서는 천도교보다는 동학으로 더 잘 알려져 있습니다. 동학은 서학에 반대하는 우리 고유의 신앙으로 1860년 최제우(1대 교주)가 어려움에 처한 백성과 세상을 구하려는 뜻을 품고 창건했습니다. 동학에는 유교와 불교 그리고 도교가 함께 어우러져 있으며, 특히 '사람이 곧 하늘이다.'라는 인내천(人乃天)을 주요한 사상으로 내세웠습니다. 최제우는 동학을 세운지 3년 만에 처형되고, 2대 교주인 최시형이 세력을 확대했으며, 3대 교주인 손병희가 천도교로 이름을 바꾸었습니다. 이름을 천도교로 바꾸긴 했지만, 최제우가 교리로 담았던 '인내천'의 정신은 그대로 남았습니다. 동학에서 말하는 인(人)은 갓난쟁이부터 젊은이와 늙은이까지 모든 사람을 의미합니다. '사람이 하늘이다.'라는 말은 모든 사람이 하늘 같은 존재라는 뜻입니다. 따라서 모든 사람은 차별받지 않으며 사람답게 살아가야 합니다. '인내천'은 새로운 세상이 담고 있어야 할 새로운 정신이라 할 수 있습니다.

이렇듯 천도교에선 모든 사람이 하늘이고 평등한 세상을 꿈꿨습니다. 그럼, 천도교와 '세계 어린이 운동'은 어떤 관련이 있을까요?

손병희의 사위가 된 방정환

방정환은 1899년 10월 7일(음력) 서울 야주개(현 당주동, 광화문역 1번 출구 로얄빌딩 자리)에서 방경수 씨의 맏아들로 태어났습니다. 방정환의 어린 시절은 매우 유복했다고 합니다. 할아버지가 어물전과 싸전[118]을 운영했는데 얼마나 부자였던지 하인이 수십 명이었고 대궐에도 물건을 팔았다고 합니다. 방정환은 어릴적에 동네를 돌아다니며 먹고 싶

방정환 선생

은 것을 돈도 내지 않고 마음껏 먹었다고 합니다. 물론 공짜로 먹은 것은 아니었고 매달 말일이면 가게 주인들이 방정환 집으로 와서 돈을 받아가곤 했다고 하네요.

그런데 이런 부유함도 그리 오래가지 못했습니다. 방정환이 아홉 살 때 집안이 몰락해서 현재의 사직터널 부근의 도정궁[119](都正宮) 아래 초가집으로 이사해야 했습니다. 방정환은 집이 몰락하기 전까지 보성소학교(사립)에 다녔는데 졸업하지 못하고 고모할머니

---

118. 해산물과 쌀과 그 밖의 곡식을 파는 가게
119. 중종의 7남인 덕흥대원군의 집으로 선조가 태어난 곳이다.

의 도움으로 간신히 미동보통학교(공립)로 전학하여 열다섯 살에 졸업합니다. 이후 선린상업학교[120]에 입학을 하는데, 아마도 가정 형편이 어려워져 하루빨리 직장에 취직해서 돈을 벌었으면 하는 속 깊은 생각에 그러지 않았을까 합니다.

하지만 어렸을 적부터 문학적 감수성이 남달랐던 방정환이 선린 상업학교를 다닌다는 것은 쉽지 않았습니다. 결국 선린상업학교를 2년 만에 중퇴하고 일제가 설립한 토지조사국(조선의 토지소유권, 토지 가격, 지목 지형을 조사하는 사업)에, 지금으로 치면 비정규직 으로 입사하기도 합니다. 하지만 이 역시 얼마 못 가 퇴사를 합니 다. 아마도 문학과 예술을 사랑했던 방정환에게 토지조사국에서의 일은 의미 없을 뿐 아니라 시간 낭비이지 않았나 싶습니다.

방정환이 토지조사국을 그만두고 간 곳은 천도교 청년회였습니 다. 매일 출근하다시피 천도교 청년회에 갔던 방정환은 거기서 천 도교 청년회 일을 보게 되지요. 당시 방정환 집안은 천도교의 신자 였습니다. 그리고 마치 운명이란 것이 먼저 기다렸다는 듯이 얼마 안 가 의암 손병희의 셋째 사위가 됩니다.

의암 손병희는 천도교의 교주이자 독립운동가였습니다. 1894년 엔 동학교도로서 전봉준과 함께 관(조선)군과 맞서 싸우기도 했으 며, 중국과 일본 등지로 망명 생활을 하기도 했습니다. 1906년 조 선으로 되돌아왔을 땐 천도교 활동이 자유로웠는데, 조선에서 가장

---

120. 1899년에 세워진 우리나라 최초의 4년제 실업교육 기관으로, 1904년에 관립공업전습서 와 수원고등농림학교 그리고 선린상업학교로 분리되었다.

많은 신도를 가진 종교로서 자금력과 영향력이 대단했습니다. 얼마만큼이었냐면 손병희가 1915년 조선 민간인 최초로 자동차를 소유하기도 했는데, 임금의 자동차차보다 좋아서 맞바꾸었다는 일화가 전해지기도 할 정도였지요. 손병희는 보성학교(현 보성고등학교와 고려대학교)와 동덕여학교(동덕여자고등학교와 동덕여자대학교) 등 많은 학교를 인수 및 설립하여 민족교육사업을 벌이기도 했습니다. 대단하지요?

이렇게나 대단했던 손병희의 사위가 된다는 것은 당시의 방정환으로서는 언감생심이었습니다. 학력은 선린상업학교 2학년 중퇴가 전부였으며, 외모는 못 입고 못 먹어서 비실비실하게 보였다고 합니다. 손병희가 보기에 사윗감으로는 초라하기 그지없었습니다. 하지만 방정환에게는 권용덕이라는 든든한 지원군이 있었습니다(권용덕은 방정환 아버지와 호형호제하는 사이였습니다). 권용덕은 민족 대표 33인[121] 중 천도교 대표 1인으로 참여했는데, 교단 내에서 전제관장(典製官長)과 금융관장[122](金融官長)이라는 요직을 맡을 정도로 손병희의 신임을 받고 있었습니다. 그런 권용덕이 방정환을 사윗감으로 추천했으니 손병희 또한 허투루 볼 수 없었겠지요. 방정환의 혼사에는 권용덕의 공이 크다고 할 수 있겠습니다. 그렇게 하여 1917년 열여덟 살에 방정환은 손용화와 혼인을 하며 삶의 새로운 전환기를 맞이합니다.

---

121. 민족 대표 33인에는 천도교 15인, 기독교 16인, 불교 2인이 참여했다.
122. 천도교 내에서 교칙과 재정 일을 맡아보는 일을 말한다.

어린이 운동의 시작, 천도교 소년회

그렇다면 방정환은 천도교 안에서도 왜 어린이 운동을 시작하게 되었을까요? 천도교의 핵심 사상은 앞에서도 언급했듯이 '인내천(人乃天)'입니다. 모두가 하늘 같은 사람입니다. 하지만 조선 사회는 철저히 위계가 있는 사회였고 하늘인 사람과 그렇지 않은 사람이 있었습니다. 양반은 하늘이었지만 상민은 그렇지 못했습니다. 남편은 하늘이었지만 부인은 하

어린이날 포스터(1923년)

늘이 아니었습니다. 어른은 하늘이었지만 어린이는 천대를 받았지요. 상민과 여성 그리고 어린이 중에서도 조선 사회에서 가장 차별을 받은 존재는 바로 어린이였습니다. 그 당시 어린이는 온전한 사람이 아니었습니다. 아직은 미성숙한, 몸이 작은 사람에 불과했습니다. 어른들에게 어린이는 잔심부름을 시키며 가사 일을 시킬 수 있는 그런 존재였습니다.

하지만 천도교가 지향하는 '인내천(人乃天)'의 세상은 어린이가 곧 하늘이고 어린이도 사람이었습니다. 천도교의 이런 사상이 방

정환에게는 어린이 운동에 관심을 갖는 데 큰 영향을 끼칩니다. 방정환은 일본 유학 중인 1921년 5월 1일 천도교 소년회를 조직합니다. 당시 천도교 소년회는 7~12세 어린이는 누구나 가입할 수 있었습니다. 이 모임은 어린이 회원들이 직접 대표를 뽑고, 서로 의논하여 할 일을 정했습니다. 천도교 소년회의 처음 시작은 '소년부'로 천도교 청년회에 소속되어 있었습니다. 그런데 점차 부원이 증가하게

여기서 잠깐!

어른에게 전하는 부탁

1. 어린이를 내려다보지 마시고 반드시 쳐다보아 주시오.
2. 어린이를 늘 가까이하여 자주 이야기하여 주시오.
3. 어린이에게 경어(敬語)를 쓰시되 늘 부드럽게 하여 주시오.
4. 이발이나 목욕 또는 옷 갈아입는 것 같은 것은 때 맞춰 하도록 하여 주시오.
5. 산보와 소풍 같은 것을 가끔 시켜 자연을 친애하는 버릇을 키워 주시오.
6. 어린이를 책망하실 때에는 쉽게 성만 내지 마시고 평화롭게 하여 주시오.
7. 어린이를 위하여 즐겁게 놀 수 있는 기관을 만들어 주시오.
8. 대우주의 뇌신경 말초는 늙은이에게도 있지 않고 젊은이에게도 있지 않고 오직 어린이 그들에게 있음을 늘 생각하여 주시오.

《동아일보》, '10년 후 조선을 생각하라' 중에서, 1922년 5월 1일

되었고 본격적인 어린이 운동을 위해 별도로 결성하게 됩니다. 천도교 소년회 결성 초기에는 운동회, 강연회, 탁족회, 환등회 등의 활동을 벌였는데, 어린이의 인격 존중과 건전한 정서 및 사회성 함양을 위한 다양한 행사를 합니다. 그러다가 1922년 5월 1일 결성 일주년을 기념하여 '어린이날' 행사를 엽니다. 이후 1923년엔 서울 시내 소년단체 대표들과 어린이날 기념행사를 전국적으로 열기 위해 '소년운동협회'를 조직하고, 처음으로 전국적인 '어린이날' 기념 행사를 시작합니다(그래서 어린이날 첫 시작을 1922년으로 하자는 의견과 1923년으로 하자는 의견이 갈리고 있습니다).

방정환의 '어른에게 전하는 부탁'은, 오늘날 어른의 눈으로 읽어도 가슴 저편이 찔립니다. 어린이를 이렇게 존중하고 대접해 주자는 말에서 어린이에 대한 사랑이 전해옵니다. 방정환이 어린이 운동에 전력을 기울인 것은 앞의 글에도 나오듯이 '대우주의 뇌신경말초가 어린이'에게 있다고 믿었기 때문입니다. 우리의 어린이들은 10년 후, 그리고 더 앞의 시간 속에서 조선을 책임질 동량이었기 때문입니다. 멋지고 거창하죠? 여러분들도 그런 어린이 시절을 지나고 있는 존재들입니다.

어린이날이 5월 1일이라고?

방정환이 어린이날로 기념한 날은 5월 1일이었습니다. 그런데 오늘날은 어린이날이 5월 5일입니다. 그러면 왜 어린이날의 날짜가 바뀌게 된 걸까요? 5월 1일이면 출근을 하지 않고 쉬는 부모님들을 종종 볼 수 있을 겁니다. 5월 1일이 노동절(메이데이 'May day'라고도 함)이기 때문에 대부분 회사에서 노동자들에게 휴일로 보장해 주고 있지요. 우리나라뿐 아니라 이날은 세계의 노동자들이 국제적인 연대를 다지고 축하하는 날인 동시에 노동자의 권리를 요구하기도 합니다. 노동자들이 이렇게 모여서 집회를 여는 것은 권익과 복지를 보장받고 인간답게 살고 싶다는 목소리를 내기 위해서입니다. 방정환이 살았던 시절에도 노동절(메이데이)이 있었습니다. 노동자들도 천도교에서 말하는 '하늘'이었지만 사회에서 대접받지 못한 소외된 사람들이었습니다. 방정환이 어린이날을 5월 1일로 삼은 것은 노동자와 어린이 모두 '하늘'로서 존중받으며 살길 바랐던 마음이 담겨 있습니다.

그러면 어린이날 기념일이 왜 5월 5일로 바뀐 걸까요? 지금도 그렇지만 노동자들의 집회를 좋아하는 정부는 없습니다. 일제강점기 때도 마찬가지였습니다. 처음에는 어린이 운동에 허용적이었으나 노동자들과 같은 날 행사를 하다 보니 노동자들의 집회는 불허하면서 어린이날 행사를 허용할 수는 없었습니다. 어린이 운동 단체들은 지속적인 어린이 운동의 필요에 따라 1927년 5월 첫째 일요일로 날짜를 바꾸기로 하고 1928년부터 5월 첫째 주 일요일을 어린이날 기념일로 정했습니다. 일제는 1939년 제2차 세계 대전이 발발하던 해부터는 어린이날 기념식을 아예 치르지 못하도록 합니다. 그러다

광복 이후인 1946년 5월 첫 번째 일요일인 5월 5일을 어린이날로 기념한 이후 요일과 관계없이 5월 5일이 어린이날이 되었습니다.

어린이 문학운동 단체, 색동회

방정환은 일본 유학 중인 1923년, 일본 동경에서 '색동회'라는 단체를 조직합니다. 색동회는 어린이 문학운동을 위한 단체라 할 수 있습니다. 정인섭 선생이 1975년에 쓴 〈색동회 어린이 운동사〉를 보면 색동회 창립과 관련된 기록들이 나옵니다. 색동회는 1923년 3월 16일 오후 2시, 센다가야 온텐 101번지 오이누마에 있는 방정환의 집에서 8명이 모여 첫 번째 회의를 했습니다. 첫 번째 회의에서는 '아동문학을 통해 아동 운동을 전개한다.'라는 모임의 취지와 회원을 어떻게 뽑을까 등에 대해 논의를 합니다. 3월 30일 두 번째 회의에서는 윤극영 씨가 '색동회'라는 이름을 제안하고, 4월 15일 세 번째 회의에서 명칭을 '색동회'로 확정합니다. 또한 발회식을 5월 1일로 정하고 그날 기념사진을 찍기로 했습니다.

'색동회'의 명칭과 관련해서는 여러 논란이 있었습니다. 아무래도 색(色)이라는 글자가 들어가다 보니 좋지 않은 의미로 받아들이지 않을까 하는 염려가 있었다고 합니다. 하지만 '색동'은 명절 때 그 당시 어린이들이 입던 '색동저고리'에서 따온 것이기에 기쁜 날을 상징한다는 의미가 있었습니다. 마침내 1923년 5월 1일, 손진

태, 윤극영, 정순철, 방정환, 고
한승, 진장섭, 조재호, 정병기 선
생이 모여 색동회 발회식을 엽니
다. 그리고 이날, 조선의 서울에
서 소년운동협회가 첫 번째 어린
이날 기념행사를 개최합니다.

《어린이》, 1929년(가을 특별 호),
국립한글박물관 소장

색동회 회원들은 천도교 소년
회에서 창간한《어린이》잡지에
작품을 싣는 것으로 어린이 문학
운동에 참여하는데,《어린이》는
색동회보다 두 달 앞서서 창간이
되었습니다. 동아일보 1923년 2
월 17일 기사에 는 천도교 소년회에서《어린이》잡지를 발행을 위
해 회원 오백 명을 모집했고, 3월 25일 기사에는 소년 · 소녀 잡지
로《어린이》를 창간했다는 내용이 나옵니다.

죄 없고 허물없는 평화롭고 자유로운 하늘나라! 그것은 우리의 어린이
의 나라입니다. 우리는 어느 때까지든지 이 하늘나라를 더럽히지 말아
야 할 것이며, 이 세상에 사는 사람들이 모두 이 깨끗한 나라에서 살게
되도록 우리의 나라를 넓혀 가야 할 것입니다.

《어린이》창간호 중에서(1923년 3월호)

《어린이》는 1908년부터 1915년까지 최남선이 아동들을 교육·계몽하기 위하여 발행한 《소년》, 《붉은 저고리》, 《아이들보이》, 《새별》을 잇는 어린이 잡지라 할 수 있습니다. 《어린이》는 색동회 회원이 주축이 되어 동화와 동시, 생활상식과 퀴즈, 특집기사 등을 실었는데, 1935년 봄까지 총 122호를 출간합니다.

우리에게는 '어린이날'로만 기억되는 방정환은 '몽견초, 북극성, 쌍S, 잔물'외 십여 개의 필명으로 문학 작품을 발표한 작가이기도 했습니다. 당시 잡지의 종류와 지면 수는 많은 데 비해 작가들의 수가 적어서 방정환은 여러 필명으로 한 잡지에 몇 편의 글을 쓰곤 했습니다. 방정환은 《어린이》에 어린이 탐정 소설인 《칠칠단의 비밀》과 《동생을 찾아서》가 있으며 창작 동화 《만년셔츠》와 옛이야기를 풀어쓴 전래 동화가 있습니다.

영원한 청년 방정환

방정환은 33세의 나이로 세상을 떠났습니다. 천도교 중창집행위원, 천도교 소년연합회 대표, 개벽사 상무이사, 《어린이》와 《별건곤》 주간 발행인 그리고 중앙보육학교 시간 교수. 방정환이 생을 마감할 때까지 맡았던 직책입니다. 이렇게 방정환은 어린이 운동가였을 뿐 아니라 여러 방면에서 다재다능했으며, 어떤 일에도 성심을 다하지 않은 것이 없었습니다.

모든 죽음이 그렇겠지만 방정환의 죽음은 정말 갑작스레 다가왔습니다. 처음 몸이 아팠던 것은 1931년 7월 9일이었습니다. 사무실에서 일을 하고 있다가 갑자기 코피를 쏟았는데 워낙 자주 있던 일이라 대수롭지 않게 여겼다고 합니다. 하지만 일주일 내내 코피가 쏟아지자 가까운 인천으로 요양을 갔다고 합니다. 어쩐 일인지 요양 중에도 몸 상태가 나아지지 않아 7월 16일 경성대학병원에 입원합니다. 7월 17일 고혈압, 신장과 방광 이상이라는 의사의 소견이 나옵니다. 하지만 너무 늦게 병원을 찾은 탓에 의사의 처방은 무용지물이었습니다. 7월 22일 밤 위독한 지경에 이른 방정환은 이튿날 허망하게 생을 마감합니다. 서른셋이라는 아까운 나이에 그는 너무 빨리 세상을 등졌습니다.

방정환의 묘는 현재 서울특별시 중랑구에 있는 망우리 공원에 있습니다. 이곳에는 방정환뿐 아니라 한용운, 오세창 등의 독립운동가들이 모셔져 있습니다. 특히 방정환의 묘에는 봉분[123]이 없고, '동심여선(童心如仙) 어린이의 동무 소파방정환지묘'라고 오세창 선생이 쓴 묘비만 세워져 있습니다. '어린이의 마음은 신선과 같다'라는 동심여선, 어린이를 사랑한 방정환의 마음을 아주 잘 표현한 글귀라 할 수 있습니다.

가난과 유교 사회의 억압, 그리고 일제의 식민 지배에서 고통받던 어린이들에게 방정환의 헌신과 사랑은 조금이나마 위안이 되지

---

123. 흙을 둥글게 쌓아 올려서 무덤을 만드는 것. 방정환 선생은 화장한 후 홍제동에 모셨다가 5년 후에 지금의 망우리 공원으로 이장했다.

않았을까요? 그리고 '어린이도 하늘이다', 그 평등의 가치가 지금까지 내려오는 게 아닌가 싶습니다.

걸으며 읽는
역사 이야기

천도교 중앙대교당 일대와 3 · 1운동 유적지

방정환이 몸담았던 천도교 중앙대교당을 중심으로 인사동과 북촌에는 3 · 1운동 관련 장소들이 많이 있습니다. 그 이유는 일제강점기 이 일대가 서울의 중심지여서 종교 시설과 학교가 있었기 때문에 많은 사람이 모일 수 있었습니다.

서울에서 3 · 1운동 관련 답사를 한다면, 탑골 공원 맞은편에 있는 승동교회에서 시작해서 가회동 주민센터 근처의 손병희 집터 그리고 중앙고등학교까지 올라갔다가 창덕궁 옆의 '김성수 옛집'까지 답사하는 코스를 추천합니다.

1912년에 건축된 승동교회(서울시 유형문화재 제130호)는 독립선언서를 낭독하기로 되어 있던 탑골공원 맞은편에 있었기 때문에

3 · 1운동 관련 장소

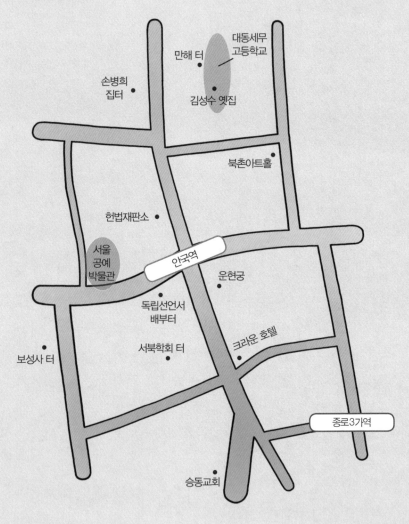

만해 터

대동세무
고등학교

손병희
집터

김성수 옛집

북촌아트홀

헌법재판소

서울
공예
박물관

안국역

운현궁

독립선언서
배부터

서북학회 터

크라운 호텔

보성사 터

종로3가역

승동교회

승동교회

서북학회 터 표지석

위치적으로 중요한 곳이었습니다. 3·1운동을 위해 2월 20일 김원벽을 비롯한 학생 대표들이 이곳에서 학생 지도자대회를 열었습니다. 학생 대표들이 승동교회에 모였던 것은 아무래도 일제의 감시로부터 어느 정도 안전을 꾀할 수 있던 곳이 바로 종교 시설이었기 때문입니다. 민족 대표 33인이 태화관에서 독립선언 낭독 이후 일제에 자수했기 때문에 학생들의 역할이 무엇보다 컸다 할 수 있는데, 승동교회에 모였던 학생 지도자들은 이후 3·1운동을 지방으로까지 퍼져 나가게 하는 데 큰 몫을 합니다.

승동교회에서 낙원 상가를 지나 올라오다 보면 '서북학회 터'가 있습니다. 그 시절 평안도와 황해도 그리고 함경도 출신 사람들이 모인 서북학회는 이곳에 서북학회 회관을 짓습니다. 서북학회 회관을 계몽운동의 공간으로 사용하기 위함이었습니다. 하지만 서북학회가 강제로 해산된 뒤에는 학회에서 세운 서북협성학교로 사용됩니다. 그러나 1910년 일제에 나라를 빼앗기며 서북협성학교는 폐교됩니다. 1910년 10월 1일 오성학교로 이름을 바꾸어 운영하지만 1918년 4월 다시 한 번 폐교됩니다. 결국 1918년 9월에 천도교가 인수한 보성전문학교가 이곳 회관으로 이사를 오는데, 이를 계기로 1919년 3·1운동 당시 보성전문학교 학생들이 대거 참여합니다. 아무리 폐교해도 공부에 대한 열의와 독립의 의지를 꺾을 수는 없었습니다.

독립선언문 배부터 표지석

서북학회 터에서 3분 정도 걸으면 천도교 중앙대교당이 나옵니다. 3·1운동 당시 이 건물 정문에서 독립선언문을 배부했습니다. 3·1운동 때 천도교가 앞장서서 큰 역할을 하게 되는데 민족 대표 33인 중에서 손병희를 포함한 15명이 천도교 교인이었습니다. 만해 한용운을 비롯한 해인사 승려 백용성이 불교 대표, 오산학교 교장인 이승훈을 비롯한 16명이 기독교인 대표였습니다. 일제강점기 우리나라에서 가장 많은 신도가 있었던 단체가 바로 천도교였습니다. 천도교는 1918년 '중앙대교당' 건축을 결의하고 전국의 신도들에게 모금합니다. 그때 모인 돈이 대략 500만 원(현재 시세 약 2,000억 원) 정도라고 하니, 정말 대단한 교세라고 할 수밖에요. 더 놀라운 것은 그중에서 36만 원을 건축비로 사용하고 나머지는 모두 3·1운동에 썼다고 합니다. 그러니 민족 대표 33인 가운데 15명이나 천도교도인 것도 전혀 이상한 일이 아니지요. 천도교 중앙대교당에서 10분 정도 거리에 지금은 조계사

조계사 일주문

가 있는데, 일제강점기 때에는 천도교가 운영하는 보성사라는 인쇄소가 있었다고 합니다. 독립선언서 제작과 배부에 비밀을 유지해야 했기 때문에 자연스레 보성사 인쇄소를 이용하게 되었고, 공사 중이었던 천도교 중앙대교당 앞마당에 독립선언문을 숨겨 두었다가 배부했습니다.

천도교 중앙대교당에서 북촌으로 넘어오면 '북촌박물관'이 있습니다. 이곳이 바로 천도교 3대 교주였던 손병희의 집이 있던 곳입니다. 손병희는 천도교의 교주이자 독립운동가였습니다. 1894년 동학농민운동 당시 전라도의 전봉준과 함께 동학을 이끌며 일본군과 정부군에

손병희 집터 표지석

맞서 싸운 인물이기도 합니다. 1897년 손병희는 최시형을 이어 3대 교주가 되었으나 동학에 대한 탄압이 거세지자 중국을 거쳐 일본으로 망명했습니다. 1905년 동학의 이름을 천도교로 이름을 바꾸었고, 1906년 일본에서 돌아와 독립운동과 교육 운동, 출판사업 등을 했습니다. 1919년 민족 대표 33인 중 1인으로 참여하여 징역 3년 형을 선고받기도 했으며 1922년 5월 19일 세상을 떴습니다.

북촌로를 따라 올라가면 일민 문화기념관이 나오고, 오른쪽으로 돌아 3분 정도 걸어 올라가면 중앙고등학교가 있습니다. 청소년인 여러분은 잘 모르겠지만 중앙고등학교는 일본에서 한류열풍을 일으킨 '겨울연가'의 촬영지이기도 합니다. 아이러니하게도 일본인 관광객들이 3·1운동이라는 역사적 장소에 일본인 관광객들이 중

앙고등학교를 많이 찾고는 했습니다. 중앙고등학교는 1908년 기호학교로 설립되어 1910년 중앙학교로 이름을 바꾸어 지금에 이르고 있습니다.

중앙고등학교 3·1운동 기념관

3·1운동이 시작된 계기는 일본 도쿄에서 유학생이 벌인 1919년 2·8 독립 선언입니다. 3·1운동은 유학생들이 먼저 독립 선언을 준비하고 있었고, 일본 유학생이던 송계백이 중앙고등학교 교사 현상윤과 교장 송진우를 숙직실에

김성수 옛집

서 만나 〈2·8 독립선언서〉를 알린 것이 계기가 되었습니다. 현상윤과 송진우, 보성전문학교 교장 최린 그리고 시인 최남선 등이 중앙고등학교 숙직실에서 회의하며 3·1운동을 준비했습니다. 예전의 숙직실은 사라졌고 현재는 당시의 모습을 재현해놓은 '3·1운동 기념관'이 있습니다. 중앙고등학교 숙직실에서 이렇게 모일 수 있었던 것은 대한민국 2대 부통령이었던 김성수가 학교를 운영하고 있었기 때문입니다. 1919년까지만 해도 김성수는 교육운동가, 언론인으로서 독립운동에 적극적 가담은 하지 않았지만, 몰래몰래 도와주었다는 이야기가 전해집니다. 하지만 일제강점기 후반기에 조선총독부가 관여하는 잡지에 학도병을 권유하는 글을 쓰거나 연설 등을 하여 민족문제연구소에서 발간한 《친일인명사전》에 오릅니다. 중앙고등학교에서 안국역 방향으로 5분 정도 내려오다 보면 지붕이 멋진 집이 보입니다. 김성수의 옛집인데, 그 모습이 친일로 변절한 대가라는 생각에 씁쓸하게 비춰질지 모르겠습니다.

천도교 중앙대교당 인근에는 이종일의 집터와 한용운의 유심사도 남아 있습니다. 천도교 중앙대교당을 방문해서 주변 골목골목의 이런 흔적들과 남은 여러 유적지를 함께 찾아보기 바랍니다.

강화읍성당

Part 4
진정한 나와의 만남

01 시서화 삼절 강세황, 나이 환갑에 출사하다!
걸으며 읽는 역사 이야기_지팡이 짚고 부안을 유람하다!

02 술에 취해 붓을 휘둘렀으나 신필이라 불린 화가, 김명국
걸으며 읽는 역사 이야기_누가 나의 흩어진 혼을 불러주리오

03 조선의 근대 교회 건축을 통해 본 배려와 존중
걸으며 읽는 역사 이야기_조화와 존중의 대한성공회 서울주교좌성당

01 시서화 삼절 강세황, 나이 환갑에 출사하다!

#도전

김홍도의 스승이었대.

〈강세황 초상〉, 작자 미상, 18세기, 종이에 엷은 채색,
50.9×31.5㎝, 국립중앙박물관 소장

조선 시대 벼슬을 포기한 자, 강세황

여러분, '수포자', '영포자', '학포자'라는 말을 알고 있나요? 우리가 흔히 수학을 포기한 사람, 영어를 포기한 사람 그리고 학업을 포기한 사람을 줄여서 부르는 말이지요. 저는 과포자 중 한 명이었습니다. 학교 다닐 때 과학이 너무 어려웠거든요. 그런데 얼마 전 한 신문에 이○○ 86세 할머니 외에 174명의 만학도들이 수능시험에 도전장을 내밀었다는 기사를 보았습니다. 늦은 나이에도 학업에 도전하는 열정에 감탄했습니다.

조선 시대에는 이와 비슷하게 '벼슬을 포기한 자'가 있었습니다. 당시에는 신분이 낮아서 벼슬에 오르지 못하거나, 붕당이 달라 벼슬에 오르지 못하거나, 역모 집안이라 벼슬에 오르지 못하는 경우가 있었습니다. 이 외에도 여러 가지 이유로 벼슬에 오르지 못하는 이들이 많았지요. 그런데 만학도처럼 무려 환갑이라는 나이에 관직을 시작해 10년 만에 지금의 서울시장에 해당하는 정2품 한성부판윤에 오른 이가 있습니다. 바로 강세황입니다. 지금부터 강세황의 삶을 알아볼까요?

집안의 몰락으로 벼슬길이 막히다

강세황은 1713년 숙종 때 대제학을 지낸 강현이 환갑이 넘어 얻은 막내아들입니다. 본관은 진주이고, 호는 등에 흰 얼룩무늬가 표범처럼 있다 하여 표암(豹菴)이라고 지었습니다. 전해 오는 이야기에 따르면 아버지 강현이 예조판서로 있을 때인 1722년, 강세황은 열 살의 나이로 도화서에 응시한 수험생들의 작품을 보고 채점을 하기도 했다니 어린 시절부터 영특했던 것 같습니다. 당대 명필로 유명했던 윤순은 어린 강세황의 글씨를 보고 그 명성이 하늘을 찌를 것이라 했다고 합니다. 강세황은 숙종 때 이조판서를 지낸 유명한의 손녀인 진주 유씨와 열다섯 살에 혼인을 합니다. 앞날이 창창할 것 같은 강세황이었지만, 이듬해부터 큰 시련이 시작됩니다.

강세황이 열여섯 살인 1728년(영조 4년) 3월에 이인좌의 난이 일어나는데, 여기에 형 강세윤(姜世胤)과 처가의 식구들(처백부 유래와 장인 유뢰)이 연루가 됩니다. 처가 집안은 숙종 대부터 노론들과 사이가 좋지 않아 가담했다지만, 형 강세윤은 억울한 누명을 쓰게 됩니다.[124] 이천 부사로 있던 강세윤은 반란군 중 우두머리 중 한 명인 임서호를 포박하여 공을 세우기도 했는데, 반란군들의 편지에서 '세윤(世胤)'이라는 같은 이름이 나오면서 유배를 가게 됩니다. 집안은 쑥대밭이 됩니다. 아버지는 관직에서 물러나고 4년 후에 세상을 떠납니다. 형 강세윤은 10년 동안 유배 생활 후 풀려나지만, 3년 뒤인 1741년에 죽게 됩니다. 어머니도 1740년에 죽습니다. 강세

---

124. 《영조실록》, 1763년 8월 22일 2번째 기사를 보면 홍봉한이 강세윤의 억울함을 영조에게 아뢰고 직첩(관리 임명장)을 돌려주라는 것으로 억울함을 풀어준다. 이미 8월 16일 강세황의 아들 강완이 과거에 급제하여 관직을 제수받게 되는 정황으로 미루어 보아, 과거를 보기 전에 강세윤의 억울함에 대한 조사가 이뤄지지 않았을까 생각된다.

황은 열여섯 살부터 스물여덟 살까지 12년 동안 믿고 의지할 모든 사람을 잃고 맙니다.

강세황은 노론이 장악한 영조 대의 정치적 상황에서, 소북계 남인[125]으로서 벼슬의 꿈을 접을 수밖에 없었습니다. 조선 시대 양반가 남자들은 벼슬 외에는 다른 어떤 것도 할 수 없었습니다. 그렇기에 과거를 볼 수 없다는 말은 인생의 목표가 사라졌다는 말과 다르지 않습니다. 만약 여러분이 이런 처지에 놓이게 되었다면 어떻게 했을까요? 저라면 이생망('이번 인생은 망했다'라는 뜻이라지요?)이라며 자포자기하는 심정으로 흥청망청 살았을 것 같습니다.

강세황은 저와 달랐습니다. 그는 묵묵히 학문에 정진했고, 시서화에 몰두하며 지냈습니다. 어쩔 수 없이 끌려가는 수동적 인생이 아닌, 마치 스스로가 벼슬에 뜻을 두지 않았던 듯 세상에 흔들리지 않으며 그렇게 살아갑니다. 그리고 1766년 54세에《표옹자지(豹翁自誌)》라는 자서전을 쓰면서 자신의 삶을 간결하게 정리했습니다.

> 뒷날 이 글을 보는 사람이면 반드시 내가 산 시대를 논하고 나를 상상하면서 내가 불우하였음을 슬퍼하고 나를 위하여 탄식하며 감개하는 사람이 있을 것이다. 그러나 이것이 어찌 나를 알기에 충분한 것이냐? 나는 벌써 스스로 자연스럽게 즐거워하며 마음속이 넓고 텅 비어서 스

---

125. 북인은 선조 때 홍여순의 대사헌 천거 문제로 대북과 소북으로 갈라졌고, 영창대군과 인목대비 폐위 문제에 온건파였던 소북은 대북의 집권하에 권력을 잃게 되었다. 설상가상 인조반정으로 서인이 정권을 주도하게 되자 대부분 남인에 흡수되고 말았다. 비주류 중 비주류였던 셈이다.

스로 뜻을 이루지 못한 것을 조금이라도 섭섭하게 여기거나 불평함이
없는 사람이다.

벼슬에 오르지 못해 못했는데도, 뛰어난 학문을 알아주는 이 없
는데도 불평하지 않는 삶, 그림을 좋아하는 삶, 업신여기는 사람을
만나도 싱긋이 한번 웃어주는 마음을 가진 즐기는 삶. 강세황은 그
소소한 일상이 자연스럽고 행복하다고 말합니다. 그는 비록 가난한
살림에 몸은 고단할지언정 마음만은 여유가 있어 아무것에도 얽매
이지 않고 마음 가는 대로 자유롭고 편안하게 살아갑니다.

강세황의 삶에 대한 이런 여유가 부럽습니다. 그의 그림을 '깊이
알아주는 사람이 없다'고 했지만, 강세황은 동시대 겸재 정선, 현재
심사정과 어깨를 나란히 했던 문인화[126]가였을 뿐 아니라 시서화
삼절로 불리며 수준 높은 식견과 안목으로 예원(藝苑, 예술가들의
사회)을 이끌었던 멋진 사람이었습니다.

벗과 함께 행복을 누린 강세황

어쩌면 어릴 때 유복했기 때문에 인생의 쓴맛이 더 컸을지도 모
릅니다. 하지만 강세황은 좌절하지 않고 현실의 불우함을 같은 처

---

126. 그림을 직업적으로 그리지 않는 사대부층의 문인들이 그린 그림

지의 친구들과 함께 이겨냅니다. 강세황의 벗들은 누구였을까요?

강세황의 친구를 알 수 있는 소중한 그림이 한 점 있습니다. 바로 국립중앙박물관에 보관된 〈균와아집도(筠窩雅集圖)〉라는 그림입니다. '고난과 불행이 찾아올 때 비로소 친구를 알 수 있다.'라는 당나라 시인 이태백의 말처럼 그림 속 인물들은 강세황의 진짜 친구입니다. 물론 그 친구들이 강세황의 삶에 물질적으로 도움을 준 것은 아니지만, 어려운 시절을 함께 보내며 서로의 삶을 응원했습니다.

〈균와아집도〉는 강세황의 친구들과 제자 김홍도가 1763년 4월 봄날, 균와(안산 인근으로 추정)에 모여 하루의 여가를 함께 보낸 것을 기념하여 남긴 그림입니다. 서로가 없는 처지인지라 풍성한 나들이는 아니었지만, 선비답게 음악 감상도 하고 바둑도 두었는데 그 모습을 그림으로 기록했습니다. 우선 그림 속 글을 통해 과연 누가 있었는지 살펴보겠습니다.

책상에 기대어 거문고를 타는 사람은 표암(강세황)이고 곁에 앉은 아이는 김덕형이다. 담뱃대를 물고 곁에 앉은 사람은 현재(심사정)이고 치건(유생이 평상시에 쓰던 모자)을 쓰고 바둑을 두는 사람은 호생관(최북)이다. 호생관과 마주하고 바둑을 두는 사람은 추계이고, 옆에 앉아 바둑 두는 것을 보는 이는 연객(허필)이다. 안석에 기대어 앉은 사람은 균와이고, 균와와 마주 보고 퉁소를 부는 사람은 김홍도다.[127]

---

127. 아래 왼쪽에 있는 퉁소를 불고 있는 김홍도를 기준으로 시계 방향으로 보면, 김홍도, 강세황, 김덕형, 심사정, 추계, 허필, 최북, 균와를 그렸다.

〈균와아집도〉, 심사정, 최북, 김홍도 등, 1763년, 종이에 엷은 채색, 113×59.7㎝, 국립중앙박물관 소장

글은 서체(書體)로 유명한 허필이 썼습니다. 내용을 보면 인물을 그린 사람은 단원 김홍도이고, 소나무와 돌을 그린 사람은 현재 심사정이며, 구도는 표암 강세황이 잡고 호생관 최북이 색을 칠했습니다. 모임에 참석했던 김덕형도 나중에 꽃 그림으로 유명해지긴 하지만 아직은 어린 나이였기에 공동 작업에 참여할 수는 없었던 듯합니다.

우선 '바둑을 두는 것을 보는 이'인 허필은 담배 피우기를 즐겨 호를 연객(煙客)이라고 했습니다. 강세황과 마찬가지로 시서화에 모두 뛰어났다고 합니다. 1735년(영조 11년) 진사시에 합격은 했으나 관직에 나가지 않고 학문을 닦았다고 합니다. 허필은 강세황이 염천교 처남 집으로 분가한 후부터 가까이 지낸 것으로 알려져 있는데, 《표암유고》에 보면 강세황은 꽃이 피거나 단풍이 들 때면 안산 이곳저곳 허필과 함께 구경하며 시도 짓고 그림도 그렸다고 합니다. 강세황 그림에 유일하게 평을 남긴 점에서 둘의 각별함을 알 수 있습니다. 강세황은 허필에 대해 '마음을 알아주는 벗'이라 했답니다. 허필은 연객이란 호에서도 알 수 있듯이 연기처럼 살았다고 합니다. 세상을 여행하며 시도 짓고 그림도 그리며 살던 그는 청빈하고 소탈했다고 합니다.

이번에 '담뱃대를 물고 곁에 앉은 사람'을 볼까요? 조선 후기를 대표하는 화가를 꼽으라면 3원 3재[128]를 들 수 있는데, 3재 중 1인이 바로 현재 심사정입니다. 심사정의 집안도 강세황과 마찬가지로

---

128. 3원은 중인 출신 화가로 단원 김홍도, 혜원 신윤복, 오원 장승업을 일컫고, 3재는 사대부 화가로 겸재 정선, 관아재 조영석(혹은 공재 윤두서), 현재 심사정을 말한다.

조선에서 명문대가였습니다. 심사정의 증조부는 인조반정의 일등 공신으로 영의정까지 올랐으며, 셋째 할아버지 심익현은 효종의 사위로 총애를 받으며 청나라에 사신으로 여러 번 다녀오기도 했습니다. 이런 명문가의 집안이 몰락하게 된 것은 바로 심사정의 할아버지 심익창 때문이었습니다.

심익창은 아마도 출세하고자 하는 욕구가 매우 강했던지 과거에서 답안지 바꿔치기라는 꼼수를 부리다 덜미가 잡혀 10년 동안 유배를 갑니다. 이때 정신을 차렸더라면 좋았을 텐데, 경종 때 심익창은 소론의 김일경과 함께 연잉군(영조의 왕자 때 봉호)을 죽이려는 역모까지 벌입니다. 물론 이것도 실패로 돌아가고 영조가 왕위에 오른 후 이 사건을 다시 조사하여 결국 심익창은 극형을 받습니다. 역모라는 큰 사건이다 보니 심익창뿐 아니라 집안이 쑥대밭이 됩니다. 이때 심사정의 나이 열여덟이었습니다. 당연히 아버지 심정주와 심사정은 벼슬길로 나간다는 것은 꿈도 못 꾸게 됩니다. 강세황과 비슷하지요? 강세황은 자신과 같은 처지인 심사정과 서로에게 힘이 되어주며 어려운 때를 같이 보냅니다.[129]

'바둑을 두는 사람'은 최북입니다. 영·정조 때 최고의 기인 하면 호생관(毫生館, 붓으로 먹고사는 사람) 최북을 꼽습니다. 본래 이름은 최식인데 이름을 최북(崔北)으로 고치고 자(字) 또한 칠칠

---

129. 심사정의 7촌 손자 심익운이 쓴 〈현재거사묘지명〉을 보면, 심사정은 하루도 붓을 쥐지 않은 날이 없도록 열심히 그림을 그렸지만 가난했고, 역적 집안으로 손가락질과 모욕을 받았다고 한다. 죽어서도 돈이 없어 염(殮)도 하지 못했는데, 심익운과 여러 사람이 돈을 조금씩 모아 간신히 장례를 치뤘다.

여기서 잠깐!

도화서

조선 시대에 화가가 나오는 영화나 드라마를 본 적이 있나요? 이때 화가들은 나라의 중요한 행사가 있을 때마다 그림을 그렸습니다. 이러한 화가들은 도화서라는 관청에 소속되어 왕의 행차나 왕이 주관하는 행사, 그리고 왕의 어진을 그렸습니다.

예를 들어 왕이 행차를 한다고 가정해 볼게요. 지금 같으면 사진을 찍거나 비디오로 녹화를 하겠지요. 하지만 당시에는 그림으로 그릴 수밖에 없었습니다. 이때 도화서에서 일하던 화가인 '화원'들이 행사에 참여한 사람들의 모습이나 당시 입었던 옷의 모양과 장식품, 사용한 악기, 쓰였던 도구의 모양 등을 생생하게 그렸습니다.

우리가 잘 아는 안견이나 김홍도도 도화서의 화원이었습니다. 서울시 공식 도화서 터 푯돌은 중구 을지로2가 1의1, 지하철 2호선 을지로입구역 3번과 4번 출구 사이 내외빌딩 앞 보도에 있습니다. 다른 한 곳은 종로구 견지동 39의 7 우정총국 앞 화단에 있습니다.

조선 시대 도화서는 종로구 견지동과 공평동 부근인 한성부 중부 견평방에 이르기까지 꽤 큰 규모의 관청이었습니다. 하지만 숙종이 도화서 자리를 시집가는 누이 명안 공주에게 떼어주는 바람에 18세기 후반 남부 태평방 자리로 옮긴 뒤 1894년 갑오개혁으로 폐지될 때까지 그곳에 자리 잡았습니다.[130]

---

130. 노주석, 〈18세기 후반 광통교는 조선 최대 그림 매매 시장〉,《서울앤》, 2018.12.6.

(七七)[131]로 했습니다. 그림을 잘 그리는 것으로 유명해서 도화서에 들어갈 수도 있었지만, 세상을 마음대로 떠돌며 돈이 필요할 때만 그림을 그려 팔았다고 합니다. 조선 말의 화가 조희룡에 의하면 최북의 눈은 하나인데 그렇게 된 이유가 매우 놀랍습니다. 하루는 명문대가의 양반이 와서 그림을 그려 달라 합니다. 하지만 최북은 그때 마음이 정말 그리기 싫었답니다. 최북은 그러한 마음을 꾸밈없이 양반에게 전했고, 당연히 양반이 최북을 협박했지요. 조금이라도 권력이 있었다면 그래도 그 상황이 잘 지나갔겠지만, 힘이라곤 쥐뿔도 없는 최북은 결국 자신의 눈을 송곳으로 찔러 눈을 버려가며 자존심을 지킵니다. 대단한 인물이지요? 최북의 출생과 죽음에 대해서는 기록이 남아 있지 않아 정확히 알 수는 없습니다. 다만 강세황과 나이가 비슷했을 것으로 추정하며 시대의 불운아들이 모이는 곳이니 최북도 자연스럽게 강세황과 어울리지 않았나 싶습니다.

그리고 김홍도, 우리나라 사람들 대부분이 아는 조선 시대 최고의 화가입니다. 조선 시대 화가들의 사제 간이 밝혀진 예가 거의 없는데, 김홍도와 강세황은 사제간임을 알 수 있는 몇 안 되는 경우라 합니다. 강세황이 김홍도의 부탁으로 쓴 《단원기》[132]를 보면, 김홍도와는 어려서 사제의 연을 맺었다고 합니다. 또한 같은 관청에서 근무하는 동료이기도 했으며, 늙어서는 함께 예술계를 지킨 지

---

131. 북(北)을 둘로 쪼개면 칠칠(七七)이 되는데, '칠칠이'는 못난 사람을 뜻하는 것으로 최북의 세상에 대한 냉소로 읽을 수 있다.
132. 강세황이 쓴 김홍도에 대한 전기로, 김홍도의 재능과 품성, 화원으로서 한 일과 자신과의 관계를 간략하게 썼다. 《표암유고》에는 〈단원기〉와 〈단원기 우일본〉도 전해진다.

기(知己, 막역한 친구)였습니다. 강세황의 맏아들이 금강산 아래 회양부사로 있을 때인 1788년엔 정조의 명을 받고 온 김홍도 일행과 우연히 만나 금강산을 함께 여행하기도 합니다.[133] 김홍도와 강세황은 사제와 동료 그리고 지기로서 강세황이 죽을 때까지 평생을 같이합니다. 참 빛나는 사제지간입니다. 김홍도 같은 제자를 둔다면, 또 강세황 같은 스승이 있다면!

마지막으로 이 그림에는 '균와'와 '추계'라는 인물과 그리고 김덕형이 있습니다. 균와와 추계는 호로만 기록되어 있어 누군지 도무지 알 수 없고, 김덕형은 그나마 조금의 기록이 있어 살펴볼 수 있습니다. 그림 속 김덕형의 정확한 나이는 알 수 없으나 당시 김홍도가 열아홉 살이라고 하니, 그보다는 어린 열네 살에서 열여섯 살 정도이지 않을까 싶습니다.

김덕형과 관련해서는 박제가가 김덕형의 꽃 그림책 〈백화보서〉의 서문으로 지은 〈백화보서〉라는 글로 조금이나마 알 수 있습니다.

김덕형은 집에 꽃밭을 만들었는데 온종일 눕지도 않고 꽃만 바라봤다. 얼마나 꽃만 보았는지 손님이 찾아왔는데도 말 한마디도 건네지 않았다. 사람들은 김덕형을 보며 미친놈이라고 하며 손가락질을 했다. 그러나 그 비웃는 웃음이 끝나기도 전에 공허한 메아리만 남기게 되리라. 김덕형은 만물을 스승으로 삼고 있으며 그 기예는 천고(千

---

133. 영·정조 대에 화원을 대동한 금강산 유람이 유행이었는데, 강세황은 이것이 맘에 들지 않아 금강산 아래에 있으면서도 오르지 않았다.

〈관폭도〉, 최북, 18세기, 종이에 옅은 채색, 107.3×55.1㎝, 국립중앙박물관 소장

古)의 누구와 비교해도 훌륭하다.

박제가에게 이런 평을 들었다면 될성부른 나무는 떡잎부터 알아본다고 어린 김덕형이 강세황과 함께 있었다는 그것이 충분히 이해됩니다.

강세황에게는 이렇게 좋은 친구들이 많았습니다. 그리고 그 친구들과 어려운 때를 함께 보냈습니다. '처음처럼'이란 글씨로 유명한 신영복 선생님의 《담론》에는 '돕는다는 것은 우산을 들어주는 것이 아니라 함께 비를 맞는 것이다.'라는 글이 있습니다. 강세황의 친구들은 함께 비를 맞았다 할 수 있습니다.

강세황의 벗 최북의 〈관폭도〉. 이름 그대로 폭포를 바라보는 모습이 담긴 그림입니다. 중국의 이름난 시인 이백의 〈망여산폭포〉라는 시를 소재로 그렸다는데, 대부분의 산수화가 그렇듯 자연을 벗삼아 유유자적 살아가는 관조적인 인간이 주제입니다. 〈관폭도〉 속 인물은, 고고한 선비로서 속세를 벗어나 세상의 이치에 대해 깨닫고자 하는 구도자라 할 수 있습니다. 강세황과 벗들은 아름다운 구도자들이었습니다.

삼세기영지가(三世耆英之家)[134]를 이루다!

인생에 있어 누구나 한 번쯤은 기회라는 것이 오나 봅니다. 강세황은 손주 엉덩이나 톡톡 두드리며 뒷방에 나앉아 편안하게 삶의 끝마무리를 지어야 할 환갑에 벼슬에 오릅니다. 그 시작은 환갑 10년 전이었습니다.

《표옹자지》에는 강세황이 그림을 그리지 않게 되는 절필과 관련된 이야기도 전해집니다. 1763년 아들 강완이 과거에 급제하며 강세황 집안에 대한 정치적인 회복이 이뤄지는데, 영조는 강완을 만난 자리에서 '천한 기술 때문에 얕보는 자가 있을까 싶으니 다시는 그림을 잘 그린다고 하지 말라.'는 말을 강세황에게 전하라고 합니다. 그 말을 들은 강세황은 초야에 묻힌 늙은이를 임금님이 알아봐주셨다며 다시는 그림을 그리지 않겠다고 절필을 선언합니다. 게다가 감격에 겨워 울기까지 합니다. 강세황이 붓을 놓은 지 딱 10년이 지난 1773년. 영조의 배려로 영릉(英陵) 참봉[135] 벼슬이 주어집니다. 강세황은 1776년 문무기구과(文武耆耉科)[136]에서 수석으로 합격하고, 1778년엔 정3품 당상관 이하의 문신을 대상으로 하는 문신정시에서 수석을 하고 한성부우윤으로 승진합니다. 그리고 정조대인 1781년엔 윗대 임금들의 초상화 그리는 일에 총지휘를 맡게 됩니다. 이후 남양부사, 호조참판을 거쳐 일흔한 살이 되는 1782년엔

---

134. 70세가 넘은 정2품 이상 문신들에게 존중의 뜻을 담아 궤장(지팡이와 의자)을 하사하며 기로소에 들도록 했는데, 3대가 계속해서 기로소에 들어간다는 것은 즉 '삼세기영'을 이룬 것은 가문의 큰 영광이었다.
135. 세종대왕과 소헌왕후의 능인 영릉을 지키고 관리하는 벼슬
136. 기구란 늙은이를 말한다. 즉 60세 이상의 노인만을 대상으로 한 과거를 말하는데, 영조 대에 대비 인원왕후의 70세 생일을 기념하여 처음 실시했다. 나이 제한은 시험마다 달랐으며, 영조 대에 5번, 철종 대에 1번 그리고 고종 대에 3번 모두 9번 행해진 기록이 있다.

정조가 특별히 정2품 도총관으로 승진시켜 기로소에 들어갈 수 있
도록 합니다. 도총관 승진은 할아버지 강백년이 일흔한 살에 기로
소에 들어갔던 것을 기념하여 강세황 또한 기로소에 들어갈 수 있
도록 한 배려입니다.

> 강세황(姜世晃)을 특별히 승진시켜 도총부 도총관으로 삼았다. 강세황
> 은 고 판서 강백년(姜栢年)의 손자이다. 강백년이 나이 71세에 특별히
> 기사(耆社)에 들어가라고 명하였었는데, 강세황의 이때 나이가 또 71세
> 였기 때문에 이러한 명을 내린 것이다.
>
> 《정조실록》 15권, 정조 7년 5월 9일(1783년)

이로써 할아버지 강백년(현종 대)과 아버지 강현(숙종 대)에 이
어 3대가 기로소에 들어가는 영예를 누리게 됩니다. 고통 끝에 낙
이 온다고 강세황의 인생은 환갑 이후로 활짝 펴게 됩니다. 1783년
9월 1일 한성부판윤으로 승진하고, 1784년엔 동지사에 부사로 참
여하여 꿈에 그리던 북경에 사신으로 다녀오기도 합니다. 이미 강
세황의 나이 일흔 살이 넘었기에 사신으로 가기에는 무리가 있었으
나 이때는 청나라 건륭제의 즉위 50주년 기념으로 천수연(千叟宴)
에 참가할 70세 이상의 사신을 보내라고 하여 갈 수 있었습니다. 강
세황은 1784년 10월 12일 72세의 많은 나이로 북경으로 출발해서
1785년 3월 17일 다시 서울로 돌아옵니다. 다섯 달이 조금 넘는 기
간 동안 험난한 여정을 무사히 다녀오면서 강세황은 이때의 기록을

《연행시화첩》이란 글과 그림으로 남깁니다.

동시대를 살았던 이규상은《고사록(高士錄)》이란 책에서 강세황에 대해 '성품은 낙천적이고 고결하였으며, 비록 시골 늙은이나 초야의 인사가 그림이나 글씨를 청하더라도 즉시 들어주었다.'라고 했습니다. 이처럼 강세황은 시서화 삼절로 명성이 자자했음에도 사람의 높고 낮음을 따지지 않고 자신이 가진 재주를 나눌 줄 아는 인심 좋은 사람이었습니다.

더불어 아들 강빈이 쓴 강세황의 행장을 보면 '서화의 경지가 탁월한 지식과 오묘한 깨달음 속에 생긴 부산물(副産物)'이라 여기며 학문을 게을리하지 않는 성실한 사람이었음을 알 수 있습니다.

강세황은 언제나 먹과 붓 그리고 종이를 가까이하며 자신의 삶에 최선을 다했습니다. 사람이 살다 보면 능력은 되지만 때를 얻지 못해 뜻한 바를 못 이룰 때도 있고, 또 능력이 조금 부족하지만 세상이 필요로 해서 쓰임을 받기도 합니다. 어쩌면 그것이 운명인지도 모릅니다. 누구도 알 수 없고 보이지 않는 것이 운명이기에 섣부르게 운명이라 판단할 수는 없습니다. 생이 다할 때 운명이었음을 깨달을지도 모릅니다. 강세황도 자신의 운명이 어떤 길로 어떻게 흘러갈지 몰랐습니다. 다만 그는 자신의 운명을 탓하며 세상을 원망하고 함부로 살지 않았고, 성공의 길을 갈 때조차 자신의 운명이 좋았다며 우쭐거리지도 않았습니다. 언제나 밖을 보지 않고 자신을 보며, 자신이 가야 할 길을 묵묵히 걸어갔습니다.

강세황은 1788년 지중추가 된 후 1790년엔 정헌대부까지 오릅니다. 그리고 1791년 일흔아홉 살의 나이로 "푸른 솔은 늙지 않고 학과 사슴이 일제히 운다(蒼松下老 鶴鹿齊鳴)."라는 여덟 글자를 남기고 죽습니다. 비록 강세황은 젊은 날은 몸과 마음이 힘들었지만, 초야에 묻혀 지내며 고고한 선비로서 모두의 존경을 한 몸에 받았고, 환갑이 넘어 오른 관직에서는 임금의 총애를 받으며 역사에 그 이름을 남길 수 있었습니다.

그리고 강세황은 유머가 넘치는 인물이었습니다. 보물 제590-1호로 지정된 강세황 〈자화상〉에 쓰인 글과 그림을 보면 강세황의 유머 감각을 알 수 있습니다.

> 저 사람은 어떤 사람인가? 수염과 눈썹이 흰데, 머리엔 사모를 쓰고, 몸에는 야복을 걸쳤으니, 이로써 마음은 산림에 있되, 이름은 조정에 있음을 보였구나. 가슴에는 수많은 책을 간직하고, 필력은 오악을 흔들지만, 사람들이 어찌 알겠는가? 나 스스로 즐길 뿐이다. 노인의 나이는 칠십이고 호는 노죽이니, 그 초상을 스스로 그리고 그 찬을 스스로 지었다. 때는 임인년이다.
>
> 강세황 〈자화상〉의 제발[137]

오사모와 야복이란 지금으로 치면 운동복 차림에 셜록 홈스에 나오는 18세기 영국 신사들의 중절모자를 쓴 정도가 될 겁니다. 창피해서 누가 옆으로 다가오지도 않을 것 같습니다. 그런데 강세황은 이런 모습으로 아주 멋진 자화상까지 그렸습니다. 비록 '몸집도 작

〈자화상〉, 강세황, 1782년, 비단에 채색,
88,7×51cm, 국립중앙박물관 소장

고 얼굴도 잘생긴 편이 못돼서 사람들이 종종 나를 얕잡아 보는 일이 많았다.'라고 하지만 스스로에게 자부심이 있었기에 이런 자화상도 그릴 수 있지 않았을까요?

강세황은 어떤 상황에서도 낙담하지 않고 웃을 수 있는 여유와 자신의 학문에 대한 자부심이 있었기에 세상이라는 큰 파도에 휩쓸리지 않고 올곧게 자신만의 길을 걸어갈 수 있었습니다. 강세황의 삶을 통해, 때를 얻든 못 얻든 조바심 내지 않고 주어진 상황과 일에서 자신을 잃지 않는 여유를 배우게 됩니다. 강세황처럼 세상에 휘둘리기보다 자기 자신의 내면의 힘을 믿으며 묵묵히 오늘을 살아봅시다.

137. 한국미술사학회, 《표암 강세황: 조선후기 문인화가의 표상》, 경인문화사, 2013.

걸으며 읽는 🦶
역사 이야기

지팡이 짚고 부안을 유람하다!

여행을 갈 때 항상 가지고 가는 게 있죠. 바로 사진기입니다. 그런데 사진기가 없던 조선 시대에는 여행을 가서 어떻게 추억을 남겼을까요? 붓과 벼루 그리고 전문 화가가 사진기를 대신했겠지요? 조선 후기 명승지 여행이 유행처럼 일어나서 돈깨나 있는 양반들은 너도나도 여행을 갑니다. 여행길에 전문 화가를 대동합니다. 하지만 강세황이라면 전문 화가를 대동할 필요가 없었겠죠.

강세황은 둘째 아들 강완이 전라도 부안 현감으로 부임하면서 부안 일대를 두 번 여행하게 됩니다. 쉰여덟 살에 떠난 첫 번째 여행에서는 적벽강, 채석강, 격포로 이어지는 바닷가 구경을 하고 〈유격포기(遊格浦記)〉라는 여행기를 씁니다. 첫 번째 여행에서 부안이 마음에 들었던지 아직은 추위가 가시지 않은 1771년 음력 2월 쉰아홉 살에 다시 한 번 여행을 갑니다.[138] 그리고 이때 영조 임금이 강완에게 당부했던 것에 감격해 절필(絶筆)했던 결심을 깨고 여행을 그림으로 남깁니다. 그 그림은 미국 로스엔젤레스 카운티미술관에 소장되어 있답니다. 바로 〈유우금암도(遊禹金巖圖)〉인데, 그림의 가운데에는 여행 일정과 소감을 간단히 적어 놓은 〈유우금암기〉도 실려 있습니다.

〈유우금암도〉, 강세황, 1770~1771년경, 267.34 x 25.4cm, 종이에 먹, 미국 로스엔젤레스 카운티미술관 소장
Tip 〈유우금암도〉는 두루마리에 그림을 그렸는데, 오른쪽에서 왼쪽으로 펼쳐가며 보아야 한다.

강세황은 두 번째 부안 여행에서 부안 관아를 출발해 첫날 개암사, 우금암 그리고 실상사에서 하룻밤을 보냅니다. 다음 날은 월명암, 용추, 내소사를 들러 해질 무렵 부안현 숙소로 돌아갑니다. 매우꽉 찬 1박 2일 일정으로, 오늘날 자동차로 그 일정을 그대로 여행을 한다고 해도 만만치 않습니다. 이렇게 강세황이 바쁘게 움직인 데에는 요즘도 그렇지만 여행이라는 것이 그리 쉽지 않았기 때문입니다.
강세황의 〈유우금암도〉를 따라 부안 답사를 시작해 보겠습니다.

138. 〈유격포기〉에는 1770년 5월이라 명시되어 있고, 〈유우금암기〉는 해는 밝히지 않고 2월이라고만 적어 놓았다. 다만 여러 상황과 기록을 고려할 때 1771년 2월이라고 추측된다.

〈유우금암기〉를 보면 강세황은 부안읍성 서문으로 나와 동림서원과 유천서원을 지나 개암사에 들러 그림의 제목이기도 한 '우금암'에 오릅니다. 개암사에서 우금암까지 700m 정도라 쉬지 않고 오르면 30분 정도 걸리는데, 길이 상당히 가팔라서 가마를 타고 올랐다면 그 보다는 오래 걸렸을 듯합니다. 지금 생각해 보면 무슨 생각으로 가마를 탔을까 싶은데, 당시에는 명산을 유람할 때 스님(명산 주변 사찰의 스님)들이 양반의 가마꾼 노릇을 했다고 합니다. 그래서 양반들이 조금은 수월하게 명산을 유람할 수 있었습니다. 다만 강세황이 부안 여행을 했던 시기가 음력 2월이라 아직 눈이 다 녹지 않아 가마꾼들의 발이 눈밭에 푹푹 빠지기도 했다고 하네요. 그리고 우금암 주변이 워낙 험해서 가마가 여러 번 넘어질 뻔했다고 합니다. 결국 둘째 날 월명암에서 용추로 가던 길에는 가마에서 내려 지팡이를 짚고 기어 올라갔습니다.

〈유우금암도〉에는 커다란 굴과 옥천암이란 암자가 보이는데, 여러분이 우금암에 오른다면 암자는 보이지 않고, '원효방'과 '복신굴(통일 신라 시대 백제부흥운동을 펼쳤던 귀족)'이라 불리는 굴 두 개를 볼 수 있습니다. 아마도 암자는 세월의 무게를 견디지 못하고 사라지고, 굴 앞으로 널찍한 평지만 남은 것 같습니다.

강세황은 첫날 우금암에 올랐다가 산기슭을 따라 실상사까지 가서 하룻밤을 지냅니다. 실상사는 신라 신문왕 때 창건되어 조선 양

개암사 대웅보전 뒤로 보이는 우금암   우금암 아래 있는 복신굴

녕대군이 중창했다고 전해지는데 안타깝게도 현재는 터만 남아 있습니다. 둘째 날 아침 일찍 일어난 강세황은 월명암 풍경이 좋다는 얘길 듣습니다. 처음 일정은 용추(직소폭포)에 들렀다가 내소사로 넘어가 조금은 여유롭게 부안읍성으로 돌아오는 일정이었을 것 같은데, 월명암 일정이 추가되면서 유람 코스가 조금 꼬이게 됩니다. 결국 실상사에서 월명암에 올랐다가 다시 실상사로 돌아와 용추를 들러 내소사로 갑니다. 시간이 많이 지체되었던지 조금 늦게 점심을 먹은 후 급하게 말을 내달려 해 질 녘에야 부안읍성으로 되돌아옵니다.

강세황의 〈유우금암도〉를 얼핏 보면 스케치풍의 그림으로 느껴져 완성된 작품으로 안 보이기도 합니다. 하지만 조금만 자세히 들여다보면 우금암 근경과 원경의 표현이 다르고 각각의 장소가 갖는 특징과 분위기를 살려 그림을 그렸다는 걸 알 수 있습니다. 그리고

용추(직소폭포). 〈유우금암기〉에는 '눈을 뿜어내고 구름을 튀기듯 기세가 매우 기이하고 웅장하다.'라고 기록했다.

스케치풍으로 빠르게 그림을 그리다 보니 현장성이 강조되어 부안여행의 참맛을 느낄 수 있습니다. 강세황의 산수화론에 맞게 '와유지자(臥遊之資)' 즉 '후일에 누워서 즐기며 볼 수 있는 자료'로 〈유우금암도〉를 그렸다는 것을 알 수 있습니다.

'알면 보인다'라는 말이 있습니다. 부안을 여행하게 된다면 강세황의 〈유우금암기〉도 읽어 보고, 〈유우금암도〉 한 장 들고 그림 속 장면과 현재의 모습을 비교하며 답사하면 어떨까 합니다. 계절은 음력 2월이면 더 좋지 않을까요?

02 술에 취해 붓을 휘둘렀으나 신필이라 불린 화가, 김명국

성찰 🔍

〈달마도〉, 김명국, 17세기, 종이에 먹, 83×58.2cm,
국립중앙박물관 소장

조선 걸작 달마도의 비밀

혹시 이 그림을 본 적 있나요? 어디서 보았을까요? 그렇습니다. 우리나라 사찰 앞 물품을 파는 상점에 가면 종종 볼 수 있는 그림입니다. 사람을 참 대충 그렸다 싶으면서도 큼지막한 눈과 매부리코 그리고 턱과 코에 가득한 수염을 보면 인물의 특징을 잘 살렸다 생각됩니다. 그림을 그리는 데 몇 획이나 그었을까요? 수염을 그리느라 조금 획이 많아지긴 했지만 그래도 한 오십 번쯤 긋지 않았을까요? 그림을 정성껏 그린 것 같지도 않은데, 그리고 붓을 몇 번 놀리지도 않았는데 멋진 그림이 되었습니다. 대단한 재주입니다.

그림 속 인물의 표정을 볼까요? 어떤 감정이 느껴지나요? 눈꼬리가 내려온 것이 무언가 슬픈 듯합니다. 저 눈에서 인생의 깊이와 무상함이 느껴집니다. 이 사람은 바로 '달마대사'입니다. 달마대사는 인도 사람으로 520년에 중국에 와서 선종[139]을 전파했다고 합니다. 쿵후로 잘 알려진 소림사에서 9년간 벽만 보며 부처의 가르침을 되새겼고 큰 깨달음을 얻기도 했습니다. 이 그림을 보면 달마대사의 깨달음의 정도가 보이나요? 옆에 두고 보면 깨달음이 느껴질지도 모르겠습니다.

그런데 이번에 같이 살펴보았으면 하는 인물은 그림 속 '달마대사'

---

139. 선종은 부처의 가르침을 깨닫는 방법으로 마음을 가다듬고 정신을 통일하여 깨달음의 경지에 도달하게 하는 선(禪)을 가르쳤다. 선종보다 앞서 있었던 교종은 경전과 교리 이해를 중시했다.

가 아니라, 이 그림을 그린 화가 김명국입니다. 그는 달마대사와 같은 깨달음의 경지에 올라 바람처럼 살다 간 이가 아닌가 싶기도 합니다. 그래서 이번 꼭지의 제목을 '술에 취해 붓을 휘둘렀으나 신필이라 불린 화가'로 정해 보았습니다. 붓을 휘둘렀다고요? 그런데 그것도 술에 취해서요? 깨달음과 '술'이라니 조금 맞지 않는 것 같습니다만, 김명국은 간혹(어쩌면 대부분) 술에 취해 붓을 휘둘렀고, 그럴 때마다 명작이 탄생했다고 합니다. 그래서 호가 취옹(醉翁)이라나요?

술과 그림에 취한 화가, 김명국

김명국은 중인 출신의 화원이었기 때문에 사실 언제 태어나서 언제 죽었는지 정확히 알 수 있는 자료가 없습니다. 다만 본관은 안산(安山)이며 호는 연담(蓮潭) 또는 취옹(醉翁), 도화서 화원으로 교수(종6품)까지 올랐으며 통신사 수행원으로 일본을 두 번 다녀왔습니다.[140] 김명국에 대한 자세한 기록은 남아 있지 않은데, 김명국이 살았던 당대에도 그림에 대한 평이 잘 보이지 않습니다. 아마도 화가를 '환쟁이'로 천하게 보는 생각에 평마저도 없었던 것은 아닐까 생각됩니다.

김명국이 태어난 해를 1600년으로 추정합니다. 이것은 1643년

140. 1643년 조선통신사에는 이기룡과 김명국이 화원으로 참여했다. 조선통신사에는 1명의 화원만이 수행하는 것이 일반적이었으나 2명의 화원이 참여한 것은 이례적이다. 또한 김명국은 일본의 요청으로 두 번이나 조선통신사에 참여했다. 조선통신사에 두 번 참여한 화원은 김명국이 유일하다.

김명국과 함께 일본통신사 수행화원으로 다녀온 이기룡(李起龍, 1600~?)과 나이가 비슷했을 것으로 생각해서입니다. 김명국의 활동을 알 수 있는 가장 빠른 기록은 인조반정 때 인조를 왕으로 세우는 데 참여한 공신에 대한 '정사원종공신녹권'입니다. 1623년 인조 즉위에 반정에 참여한 공신들의 초상화를 그리는 데 김명국을 참여하도록 했다는 기록이 있습니다. 이후 눈여겨볼 만한 공식적 기록은 1661년에 있었던《효종부묘도감의궤》와《명성후책례도감의궤》제작입니다. 또 1662년 2월, 일본 대마도주가 김명국을 보내 달라고 하는 공식 요청에 대해 '연로하고 병든 상태'라 안 된다고 한 기록이 있습니다. 또한 1663년 초여름엔 강백년을 만나 그림을 그렸다는 기록이 있습니다. 이런 정보들을 모아 보면 김명국은 1600년 즈음에 태어나 1663년 이후에 죽은 것으로 추정됩니다. 그런데 이런 기록들은 김명국에 대한 단지 공적인 삶만을 나타낼 뿐 구체적인 삶의 모습은 보여주지 않습니다. 김명국에 대해선, 후대의 평론가들이 작성한 글을 보면 오히려 어떤 사람이었는지를 알 수 있습니다.

숙종 대의 진사 남태응은《청죽화사》라는 자신의 책에서 김명국에 대해 다음과 같이 적고 있습니다.

> 작으면 작을수록 더욱 오묘하고 크면 클수록 더욱 기발하여 그림이 살이 있으면서도 뼈가 있고, 형상을 그리면서도 의취(意趣)까지 그려냈다. 그 역량이 이미 웅대한데 도량 또한 넓으니, 그가 별격(別格, 보통

것과 다른 형체나 격식)의 일가를 이룬즉, 김명국 앞에도 없고 김명국 뒤에도 없는 오직 김명국 한 사람만이 있을 따름이다.

앞에도 없고 뒤에는 없을, 즉 전무후무한 화가로 김명국을 꼽고 있습니다. 혹시 남태응만 그렇게 평한 것은 아닐까 의심스러울 수 있겠죠? 여기, 조선 말기 개화파 지식인이자 서예가였던 오세창이 쓴 《근역서화징》을 보면 정조 대의 문인화가 자하 신위가 김명국에 대해 평한 말을 옮겨 적은 기록이 있습니다.

인물이 생동하고 필묵이 융화되었으니 백 년 이내에 짝할 이 없을 성 싶다.

남태응보단 조금 덜 하지만 김명국에 대한 평이 간결하면서도 후합니다. 김명국이 인물화가로서 뛰어났던 것은 분명해 보입니다.

조선통신사 최고의 인기 화가

앞서 언급했듯이 김명국은 조선통신사에 두 번이나 참여합니다. 그 이유를 보면 김명국이 보통 화가가 아님을 알 수 있습니다. 우리가 보낸 것이 아니라, 일본의 강력한 요청으로 김명국을 보냈으니까요. 일본의 외교 관련 서류를 엮은 〈통항일람(通航一覽)〉을 보면, '연담과 같은 자가 오기를 원한다.'라고 되어 있습니다. 짧지만 강한 기록입니다. 그러면 일본에서 도대체 무슨 일이 있었기에 김명국이 다시 오기를 요청했을까요?

일본에는 13세기 초에 선종이 전래되는데, 김명국이 조선통신사로 일본을 방문하던 17세기까지도 선종이 유행하며 많은 선종 관련 문화들이 일본의 지배 문화로 자리 잡고 있었습니다. 선종의

〈매화를 찾아 떠나는 선비〉[141], 김명국, 17세기, 종이에 옅게 채색, 54.8×37cm, 국립중앙박물관 소장

유행과 관련해서는 여러 이유가 있겠지만 그중 하나가 바로 일본의 무사 문화를 꼽을 수 있습니다. 아무래도 무사가 되기 위해서는 정신 수양이 남들보다 잘되어 있어야겠지요. 그래서 일본의 무사들은 선종의 수행법으로 정신 수양을 하기도 하고, 선종의 승려들에게 가르침을 받기도 했습니다.

선종의 대표적인 문화라고 하면 차 문화와 도석인물화[142]를 꼽을 수 있는데, 김명국은 산수화뿐 아니라 '달마도'를 보면 알 수 있듯이

---

141. 〈매화를 찾아 떠나는 선비〉는 욕심 없이 한적한 곳에 살고자 하는 마음이 엿보이는 그림으로 〈달마도〉와 다르게 인물을 섬세하게 표현했다.

도석인물화를 기가 막히게 잘 그렸습니다. 김명국은 일본에서 거의 우리나라 정상급 연예인만큼 인기가 있었습니다. 1636년 조선통신사 부사였던 김세렴이 인조에게 보고한 사행록인 《동명해사록(東溟海槎錄)》에 보면 다음과 같은 글귀가 나옵니다.

> 글씨와 그림을 청하는 왜인이 밤낮으로 모여들어, 박지영 · 조정현 · 김명국이 괴로움을 견디지 못하였는데, 심지어 김명국은 울려고까지 했다.

얼마나 몰려드는 사람이 많으면 괴롭다 못해 울려고까지 했을까요? 김명국의 인기는 정말 대단했습니다. 김명국이 이렇게 도석인물화를 잘 그린 데에는 조선 중기의 은일사상143과 관련 깊다 할 수 있습니다. 조선 중기에 있었던 임진왜란과 병자호란 그리고 사화 등으로 어지러운 세상사에 관여하지 않고자 하는 분위기가 있었습니다. 이러한 사회 분위기에 김명국은 옛이야기 속 인물을 주제로 그림을 그리곤 했습니다.

김명국의 일화들 대부분은 술과 관련이 있습니다. 영조 때의 정내교는 〈화사 김명국전〉에서 다음과 같이 평하기도 했습니다.

> 사람 됨됨이가 거친 듯 호방하고, 농담을 잘했으며, 술을 즐겨 한 번에

---

142. 도교 및 불교와 관련된 인물화
143. 선비가 과거를 보지 않고 은거하고 있고자 하는 것

몇 말씩이나 마셨다. 그가 그림을 그릴 때면 반드시 실컷 취하고 나서 붓을 휘둘러야 더욱 분방하고 뜻은 더욱 무르익어 필세는 기운차고 농후하며 신운(神韻, 신비하고 고상한 운치)이 감도는 것을 얻게 된다. 그 래서 그의 득의작[144] 중에는 미친 듯 취한 후에 나온 것이 많다고 한다.

술을 얼마나 잘 마시면 몇 말씩을 한 번에 마실 수 있을까요? 그런데 그런 김명국도 그림을 잘 그리기 위해서는 술을 적당히 마셨어야 한다고 합니다. 아무래도 김명국도 사람인지라 과하게 취하면 그림을 잘 그리지 못하는 것이 맞겠지요. 김명국의 외모도 궁금합니다. 됨됨이가 거칠다고 하였으니 혹 덩치도 크고 수염도 덥수룩하며 말투도 거칠지 않았을까 근거 없는 상상을 해봅니다. 어쩌면 그것도 술에 대한 편견이겠지요?

〈설중귀로도〉 같은 그림을 보면 흑과 백이 강하게 대조가 되고, 붓놀림이 과감하며 거칠기도 합니다. 이런 특징을 미치광이 같은 사악한 화학(畫學)이라고 해서 김명국을 '광태사학파(狂態邪學派)[145]라 부르기도 합니다. 술도 잘 마시는 광태사학파 김명국. 김명국에게 너무나도 잘 어울리는 말이지 않나 싶습니다.

김명국의 〈설중귀려도〉를 보면, 우선 거침없는 필치로 그려진 하얀 설산이 눈에 들어옵니다. 웅대한 필치라고 하는 이유는 대충

---

144. 작가가 자신이 뜻한 대로 이루어져 만족해하거나 뽐내는 작품
145. '광태사학'이란 용어는 문인화가가 직업화가를 낮추는 의미가 담겨 있다. 우리나라 회화사에서는 조선 중기 화풍에 대한 부정적인 시각이 없으므로 '광태사학'이란 단어를 사용하는 것은 옳지 못하다는 주장도 있다.

〈설중귀려도〉, 김명국, 17세기, 삼베에 먹,
101.7×55㎝, 국립중앙박물관 소장

그렸음에도 불구하고 사선으로 윗공간과 아랫공간을 명확하게 구분하기 때문입니다. 설산 아래로는 무질서하게 뻗은 나무 두 그루가 보이고 그 옆으로는 사립문 사이로 마중 나온 한 사람이 보입니다. 그리고 그 사람의 시선을 따라가다 보면 나귀를 타고 가는 한 사내가 보이죠. 두 사내의 이별 표정이 잘 보이지는 않지만 그 아쉬움만은 굳이 보지 않아도 느껴집니다. 김명국의 최고 작품 중의 하나입니다.

여러분은 어려서 아직은 잘 모르겠지만, 술을 마시다 보면 자연스레 에피소드가 많이 생기기 마련입니다. 김명국도 술과 관련된 에피소드가 많습니다.

가장 널리 알려진 이야기로, 어느 날 한 스님이 큰 비단에 '지옥도'를 그려 달라고 부탁하면서 아주 많은 사례를 하기로 했습니다. 김명국은 몇 달 동안 술 마실 생각에 흔쾌히 허락을 했는데, 약속 날이 다가와도 '화의가 일어날 때를 기다리라'는 말만 할 뿐이었습니다. 그러던 어느 날 술에 취했을 때, 비단을 뚫어져라 보던 김명국은 일필휘지로 지옥도를 완성합니다. 생생한 빛깔에 지옥도의 무시무시한 장면이 멋들어지게 그려진 작품이었습니다.

그러나 문제는 지옥도에 그려진 인물들이 모두 스님이었다는 것입니다. 그림을 부탁한 스님이 그것을 보고 난처해하면서 사례로 주었던 것을 다 돌려 달라고 말하니, 김명국은 웃으면서 "너희들이 일생 동안 하는 악업이 혹세무민 하는 일이니 지옥에 갈 자가 너희들이 아니고 누구겠냐. 그림을 다시 고치려면 술을 더 사오라."고 했답니다. 스님은 어쩔 수 없이 술을 더 사다 주었고, 그 술을 다 마신 김명국은 다시 취기에 붓을 잡고 눈 깜작할 사이에 스님들의 머리에 머리털을 그리고 옷에도 채색을 하였는데, 그 그림이 원래보다 더 멋졌다고 전해옵니다. 이 이야기는 정내교의 〈화사 김명국전〉이라는 책에 실린 내용인데, 여러 사람들이 언급하면서 널리 알려진 이야기가 되었습니다.

안타깝게도 김명국이 그렸다는 〈지옥도〉는 현재 남아 있지 않습니다. 그림이 지금 우리 앞에 있었다면 김명국의 신묘함을 우리의 눈으로 확인할 수 있었을 텐데 아쉽습니다. 한편 김명국의 작품에 대한 평가는 득의작이라 불릴 만큼 뛰어난 작품들도 상당하지만 김명국의 작품이라고 믿기 어려울 만큼 그 수준이 매우 낮은 작품들도 많습니다. 앞서 김명국을 칭찬했던 남태응의 《청죽화사》에 보면 술과 관련하여 김명국의 작품을 평한 글이 나옵니다.

> 술에 취하지 않으면 그 재주가 다 나오지 않았고, 또 술에 취하면 취해서 제대로 잘 그릴 수가 없었다. 오직 술에 취하고 싶으나 아직은 덜 취한 상태에서만 잘 그릴 수 있었으니, 그와 같이 잘된 그림은 아주 드물고 세상에 전하는 그림 중에는 술에 덜 취하거나 아주 취해버린 상태에서 그린 것이 많아 마치 용과 지렁이가 섞여 있는 것 같았다.
>
> 《청죽화사》 중에서

김명국이 술을 마시는 정도에 따라 그림이 정말 그랬을까 하는 의문이 들기도 합니다만, 김명국의 작품의 완성도가 제각각이었던 것은 맞는 듯합니다. 당시 품행이 단정하지 못해 그림에 대한 평가가 엇갈리기도 했으니까요. 그래서 요즘의 시선으로 보면 '화가'로서 프로의식이 덜하다고 문제삼을 수 있을지 모르겠습니다. 무엇이 김명국을 취하게 만들었을까요?

'환쟁이'라고 불릴지라도

조선 시대에는 전문적으로 그림 그리는 사람을 '환쟁이'라고 낮춰 불렀습니다. 뿐만 아니라 양반들은 그림 잘 그리는 것도 엄청난 자랑으로 여기지 않았습니다.[146] 그것은 그림 잘 그리는 것은 한낱 재주에 불과했기 때문입니다. 조선 말기 추사 김정희는 '문자향(文字香) 서권기[147](書卷氣)'를 내세우며 학식과 수양이 깊은 사람이 그린 그림을 최고로 여겼습니다. 사물을 똑같이 그리는 것이 최고가 아니었습니다. 학식이 없는 화가들이 그린 보기 좋은 그림은 심하게 말해서 한심하다 평가받기도 했습니다. 그러니 김명국의 재주는 높이 샀지만, 김명국이란 사람을 높게 본 것은 아니었다는 말이기도 합니다.

비록 국가의 행사를 기록하는 의궤 제작에 참여하기도 하고 조선 통신사로 일본에 다녀오기도 했지만, 김명국은 단지 '환쟁이'에 불과했습니다. 김명국은 자신의 예술적 혼을 불사를 수도 없었습니다. 불교에서 말하는 선(禪)의 정신세계를 구현할 줄 아는 화가였음에도 김명국 자신의 예술 세계를 표현하기보단 주문자들의 요구에 맞춰 그림을 그릴 수밖에 없는 신분의 한계가 있었습니다. 자신이 원하는 그림을 그릴 수 없는 처지 때문에 김명국의 작품들이 그

---

146. 영조는 사대부들이 그림 잘 그리는 것을 업신여기니 강세황에게 조심하라 당부하기도 했다.
147. '문자향 서권기'란 책을 많이 읽어서 사람에게서 풍겨 나오는 향과 기운을 말한다. 예술을 하기 위해서는 먼저 높은 수준의 학문을 닦아야 한다는 의미이기도 하다.

리 차이가 나는지도 모르겠습니다.

시대의 한계 속에서 '환쟁이'가 아닌 '화가'로서 살고 싶었던 김명국에게 술은 무엇이었을까요? 술이 그 자신을 '화가'의 세계로 안내하지는 않았었을까요? 비틀거리는 세상 속에서 똑바로 걷기 위해 오히려 술에 취해 비틀거렸던 것은 아니었나 생각해 봅니다. 우리도 지금 비틀거리며 걷고 있는지 모릅니다. 가혹한 세상이 우리를 더 힘들게 흔들지도 모르겠습니다만, 김명국처럼 가슴 뛰게 하는 그 무엇이 있다면, 우리는 비틀거려도 똑바로 그리고 꿋꿋하게 걸어갈 수 있을 겁니다.

지금의 삶이 혹은 앞으로의 삶이 여러분을 조금은 힘들게 할지도 모릅니다. 하지만 여러분 자신만의 길을 꿋꿋하게 걸어간다면 그리 머지않은 시간이 지난 후에 여러분의 삶은 분명 아름다웠다고 기록될 것입니다.

걸으며 읽는
역사 이야기

누가 나의 흩어진 혼을 불러주리오

종이 한가운데 한 사람이 상복을 입고 건을 뒤집어쓴 체 서 있는
옆모습입니다. 왼손에는 지팡이를 비스듬히 들고 있고, 어깨는 조
금 구부정한 듯 보이는 것이 아무래도 '죽음' 앞에 기운을 잃은 것
같기도 합니다.

그림을 좀 더 자세히 들여다보겠습니다. 얼굴도 보이지 않고 손
도 보이지 않습니다. 인물의 얼굴은 어떤 모습일지 궁금합니다.
아무래도 두 눈에선 눈물이 흐르고 있을 듯합니다. 그리고 다시
한 번 그림을 봅니다. 손은 보이지 않지만 지팡이가 보입니다. 지
팡이의 끝을 잡고 질질 끌고 있어야 할 듯싶은데 그러지 않습니
다. 지팡이를 자꾸만 보고 있노라면 왠지 손으로 굳세게 잡은 듯

〈죽음의 자화상〉, 김명국, 17세기, 종이에 먹,
60.6×39.1㎝, 국립중앙박물관 소장

보입니다. 눈을 비비고 옷자락과 맵시를 살펴보니 다시 보이기 시작합니다. 30여 개의 굵은 선과 가는 선으로 단정한 차림의 인물을 묘사하고 있습니다. 목과 어깨 그리고 소매 끝과 발목 부분에 굵은 선을 그려 넣으면서 흐트러지지 않은 인물을 보여줍니다. 그림 속 인물에게서 이제는 힘찬 기운과 당당함이 느껴지기도 합니다.

그림 속 인물 머리 위에는 초서체의 화제(그림에 써 넣은 글)가 있습니다. 단정한 그림 속 인물에 비해 거칠고 정갈하지 못한 글씨체입니다. '죽음'이라는 주제와는 어울리지 않는 글씨체인 것 같기도 합니다. 그림 속 인물과 초서체를 같이 보니 답답한 마음에 조금은 여유가 느껴집니다.

'죽음'이라는 어두운 주제가 자유분방한 초서체를 만나 숨통이 트이고 생기가 느껴집니다. 화제의 내용은 이렇습니다.

> 없는 것에서 있는 것을 만드는데
> 그림으로 그렸으면 되었지 무슨 말을 전할까.
> 세상에 떠들썩한 시인은 많지만
> 이미 흩어진 나의 혼을 누가 불러주리오.
>
> 〈죽음의 자화상〉 속 제화시

그림 속 화제를 읽으니 좀 더 명확해집니다. 스님들을 지옥에 떨어뜨리고, 임금을 시험하기도 했던 김명국의 호탕함과 당당함이 그림과 화제에 온전히 녹았습니다.

"시 잘 짓는 양반들이 많기는 하지만 내 그림이 그만 못할까. 시잘 짓는 양반들이 많기는 하지만 나의 혼을 불러줄 수는 없지."

죽음이 앞을 가로 막을지라도 자신만의 길로 뚜벅뚜벅 걸어가는 김명국이 생각납니다. 그래서 이름 없던 이 그림이 〈죽음의 자화상〉이라 불리게 되었나 봅니다.

국립중앙박물관에서 이 그림을 처음 보았을 때 한참을 서서 깊은 생각에 빠졌던 기억이 납니다. '어쩌면 죽음 앞에서 저렇게 초연할 수 있을까? 초연하게 걸어가는 저 사람 참 대단하다. 맞아. 인생이란 죽음을 마주하고 살아가는 거지. 그런데 나는 마주하고 있나? 지금 나는 무엇을 걱정하며 살고 있는가? 여러 생각들이 꼬리에 꼬리를 물고 떠올랐습니다.

김명국은 그림을 통해 '죽음'이 그리 무겁지 않게 그렇다고 가볍지도 않게 그냥 삶의 일부로 느껴지게 표현했습니다. 붓놀림 몇 번하지 않은, 어쩌면 간단한 그림임에도 '죽음'이라는 슬픔 가운데서 삶의 의지를 느끼게 합니다.

김명국의 그림 하나를 더 감상해 봅시다. 이 그림은 김명국이 40대에 그린 것으로 추정되며, 달마가 양무제를 떠나 갈댓잎을 타고 강을 건너는 모습입니다. 순식간에 그려진 호쾌한 선이지만 바람에

〈달마절로도강도〉, 김명국, 17세기,
97.6×48.2cm, 종이에 먹, 국립중앙박물관 소장

날리는 옷자락, 눈을 부릅뜬 표정이 생생하게 표현되었습니다.

이렇게 호쾌한 필치로 순식간에 그림을 그렸던 김명국. 김명국은 인조 시대 화가로서 많은 명성을 얻지는 못했지만, 자신의 운명을 낭만적 반항으로 스스로 지켰습니다. 그리고 결국 후대에 이르러 가장 개성적인 작가로 존경의 대상이 되었습니다.

03 조선의 근대 교회 건축을 통해 본 배려와 존중

#존중   Q

명동성당 내부

명동성당

제국주의 그리고 선교

영화 〈미션〉을 본 적이 있나요? 영화 〈미션〉은 1986년 칸 영화제에서 황금종려상을 받은 작품으로, 18세기 남아메리카 오지에서 원주민에게 천주교를 전하는 신부들의 이야기를 담고 있습니다. 이 영화를 보면 유럽의 여러 나라는 다른 민족과 국가의 영토를 침략하여 식민지로 삼습니다. 이를 제국주의라고 합니다. 처음 식민지는 아프리카와 아메리카 대륙에 몰려 있었습니다. 하지만 유럽의 제국주의는 점차 아시아까지 그 세력을 넓혔으며 한·중·일 삼국도 피할 수는 없었습니다. 중국은 1780년대부터 영국의 동인도회사를 통해 유럽의 여러 나라들과 무역을 시작하게 되는데, 1839년 아편전쟁[148]을 통해 영국에게 굴욕적으로 패배합니다. 결국 상품 판매를 위한 시장으로서 제국주의의 먹잇감으로 전락합니다. 일본은 미국의 페리 제독에 의해 억지로 개항하고 힘든 시기를 보내기도 하지만, 이후 메이지 유신[149]을 통해 근대화에 성공하며 또 다른 제국주의 국가가 되어 아시아의 여러 나라를 침략합니다.

반면 조선에서는 프랑스가 1866년 선교사 6명을 죽인 것을 이유로 쳐들어온 병인양요와 제너럴셔먼호 사건을 구실로 1871년 미국이 쳐들어온 신미양요가 일어나기도 했습니다. 하지만 그 당시 프랑스와 미국의 관심은 중국에 집중되어 있던 탓에 어느 정도 자유

---

148. 청나라 때 아편 수입 금지를 둘러싸고 영국과 청나라 사이에 벌인 전쟁
149. 1868년 일본은 근대화를 위해 제도를 바꾸는 것은 물론 서양 문물을 적극적으로 받아들였다.

로웠습니다.

그러나 일본과 청나라는 달랐습니다. 조선에서의 발언권을 높이고자 하는 마음이 있었고, 실제로 19세기 일본에서는 조선을 정벌하고 중국 등 대륙으로 나아가야 한다는 정한론이 강하게 대두되고 있었습니다. 결국 조선은 일본과 1876년 조일수호조규(강화도조약)를 체결하게 되고, 1882년 미국과의 조미수호통상조약, 1883년 영국과 조영수호통상조약, 1884년 조러수호통상조약, 1886년 프랑스와 조불수호통상조약 등 서양의 여러 나라와 근대적 조약을 맺으며 본격적인 개항을 하게 됩니다. 그러면서 자연스럽게 서양의 근대 문화와 기독교(개신교[150], 성공회[151], 정교회[152], 천주교[153])가 들어옵니다. 물론 유교 국가였던 조선에서는 서양의 근대 문화와 선교를 공식적으로 허용하지는 않았습니다. 그러나 허용하지 않는다고 해서 막을 수는 없었습니다. 1886년의 조불수호통상조약은 프랑스인이 언어와 문자를 가르칠 수 있도록 했는데, 특히 선교사들이 안전하게 선교할 수 있는 어느 정도의 근거를 마련해 주었습니다.

---

150. 16세기 서방교회 개혁 찬성파인 교회 개혁가들의 종교개혁을 통해 생겨난 기독교의 한 전통이다.
151. 성공회(聖公會)라는 말은 '거룩하고(聖) 보편적인(公) 교회(會)'라는 의미로 영국의 잉글랜드에서 기원한 전통적 개신교 교회다. 정치와 종교에 모두 막강한 영향을 끼치고 싶어 한 헨리 8세가 가톨릭 교리를 개혁하여 국왕 중심으로 한 새로운 교회를 만들어냈다.
152. 11세기의 동서 대분열과 그 후 종교개혁 등으로 가톨릭, 개신교 등의 서방교회가 많은 변화를 겪자 자신들은 변함 없이 정통성을 지키고 있다는 뜻으로 정교회(正敎會)라 한다.
153. 한국의 천주교는 마테오 리치의 '천주실의'가 학문으로 연구되면서 전래했다. 1866년 병인박해를 비롯하여 여러 차례 박해를 받았지만, 교인 수는 차츰 늘어났고 개항 이후 천주교 신앙에 대한 자유가 어느 정도 보장되었다.

법국 인민으로서 조선국에 와서 언어와 문자를 배우거나 가르치며 법
률과 기술을 연구하는 사람이 있으면 모두 보호하고 도와줌으로써 양
국의 우의를 돈독하게 하며, 조선국 사람이 법국에 갔을 때에도 똑같이
일률적으로 우대한다.

조불수호통상조약 제9관 2항

조불수호통상조약에 힘입어 프랑스 선교사들이 한성부, 용산, 마
포 등지에 의원, 교회, 학교 등의 각종 기관을 설치하고 전국적으로
선교를 하면서 신자가 늘어나게 되었습니다.

우리나라 근대 그리고 최초의 서양식 교회

우리나라 역사에서 '근대'라는
시기가 정확히 언제인지 명확하
지 않습니다. 왜냐하면 인류의
역사를 선사, 고대, 중세, 근대,
현대로 나누는 것은 서양의 변화
에 따른 시대 구분이기 때문입니

벧엘예배당(현 정동제일교회)

다. 그러다 보니 우리의 역사 흐
름과는 맞지 않습니다. 서양에서의 근대는 17세기 이후 산업혁명
과 함께 민족주의와 자본주의 그리고 제국주의가 생겨난 때를 말합

니다. 그리고 정치적으로는 시민계급이 등장하고 민주주의가 발전한 때입니다.

개항이 급격히 이뤄진 조선에서도 이러한 변화가 있긴 하였으나 제도적으로 자리 잡지 못했습니다. 결국 일제 식민지로 전락했기 때문입니다. 그래서 정확한 년도나 사건으로 근대를 구분하기보단 대체로 개항 이후 그리고 조선 최초로 미국으로 보빙사[154]를 파견한 1883년 즈음으로 근대를 보고 있습니다.

근대의 조선은 많은 변화를 겪습니다. 그중에서도 앞서 언급한 1886년 조불수호통상조약으로 선교의 자유가 허용되기 시작하면서 서울에도 서양식 교회와 성당이 들어서는 등 근대적 모습이 나타나기 시작합니다.

대표적인 건축물로는 미국 감리교 선교사인 아펜젤러[155]가 1897년 건축한 벧엘예배당(현 정동제일교회)과 1898년 건축된 조선 천주교의 상징인 명동성당을 들 수 있습니다. 두 건축물 모두 고딕 양식으로 지어졌는데, 벧엘예배당은 평지인 덕수궁 옆 정동에 있고 명동성당은 남산 아래 언덕배기인 옛 명례방에 자리하고 있습니다.

명동성당은 벧엘예배당보다 3년 빠른 1892년에 건축을 시작하지만, 완공은 그보다 1년이 늦습니다. 그건 명동성당 건축과 관련해서 조선 정부와 마찰이 있었기 때문입니다. 공식적으로는 역대 왕

---

154. 1883년 정사 민영익, 부사 홍영식 등을 미국과 유럽에 외교사절단으로 파견했다. 미국에서 병원, 전기회사, 우편제도 등을 시찰했고, 1884년 대서양을 건너 유럽까지 돌아보고 귀국했다. 홍영식은 우정국(현재의 우체국)의 초대 책임자가 되기도 했다.
155. 아펜젤러는 선교사로 1885년 조선에 왔으며 정동제일교회와 배재학당을 설립했다.

들의 어진을 모신 영희전(永禧殿)과 가까워 풍수지리적으로 좋지 못하다는 이유를 들어 성당 건축을 반대했지만, 아무래도 고종으로선 궁궐보다 더 높은 곳에 높다란 성당이 들어서는 것이 기분 좋았을 리 만무합니다. 게다가 명동성당 터는 고종이 청백리로 이름났던 침계 윤정현에게 하사한 집이기도 했기 때문입니다.

명동성당

고종의 반대에도 불구하고, 천주교 조선대교구 7대 교구장이었던 블랑 주교는 성당 건축을 포기하지 않고 강행합니다. 결국 고종은 개신교와 천주교 모두 선교 활동을 당장 중지할 것을 명령했고, 그래서 공사가 4년이나 중지되기도 합니다. 하지만 이곳은 정조 시기 역관이었던 김범우의 집터로 천주교 초기 신자라 할 수 있는 이승훈과 정약전, 권일신 등이 모여 종교 행사를 하던 곳입니다. 블랑 주교 입장에서도 조선 천주교가 시작된 곳이란 의미가 담겨 있어 포기할 수 없었던 것 같습니다.

고종의 뜻을 어기고 강행해서 성당을 지어야 했다면 고딕 양식이 아닌 조선의 양식으로 지은 성당이었으면 어땠을까 싶기도 합니다. 다소 생소한 성공회의 성당 건축 과정을 통해 신앙 속에서의 '배려와 존중'이 무슨 의미인지 생각해 보고자 합니다.

성공회가 한옥 성당을 지은 이유

성공회라고 하면 대부분 모를 것 같고, 세계사 시간에 성공회보다는 영국 국교회로 배웠을 겁니다. 그리고 아마도 '헨리 8세와 이혼'을 떠올릴 겁니다. 맞습니다. 헨리 8세 때 영국에서 종교개혁으로 생겨난 기독교 교단이 바로 성공회입니다.

성공회 선교사가 조선에 들어온 것은 1890년으로, 천주교나 감리교와 비교해 조금 늦었습니다. 선교에서 경쟁할 건 아니지만 아무래도 늦게 들어오다 보니 앞선 천주교와 감리교와는 다른 선교 전략을 취합니다.

조선에서의 성공회 선교는 존 코프 주교(한국 이름: 고요한)와 랜디스(한국 이름: 남득시) 등 7명의 동료에 의해 1890년 9월부터 이뤄집니다. 남득시 선교사는 의사로서 교회가 세워지기도 전인 1890년 10월 10일 인천 최초의 서양식 병원을 열었다고 합니다. 남득시 선교사는 조선의 문화를 존중하는 마음에서 병실을 온돌로 짓기도 했으며, 환자를 위한 구급차로 가마를 이용하기도 했답니다. 남득시의 한국 사랑은 다른 선교사에 비해 남달랐습니다. 병원을 지을 때 다른 선교사들이 병원 이름을 성누가병원으로 하였으나, 남득시 선교사는 조선인에게 의미가 없다며 끝까지 반대하면서 '낙선시[156](樂善施 선을 행함으로써 기쁨을 주다)병원'이라 바꿨다고 합니다. 남득시 선교사의 조선에 대한 이해와 배려와 존중이 보이는 대목이라 할 수 있습니다.

성공회 최초의 성당은 1891년에 완공된 인천의 '내동성당'입니다. 처음 건물을 지을 때 외벽과 주요 구조물은 벽돌과 화강암을 이용해서 짓고 처마는 조선의 전통 건축 양식을 따랐다고 하는 이야기가 있습니다. 조선의 처마와

영국인 부영사(왼쪽), 남득시 선교사(오른쪽)
성공회출판사 자료 제공

비슷한 서양의 코니스(cornice)[157] 양식을 사용하기도 합니다.

성공회의 성당 건축에서 조선의 요소는 매우 중요했습니다. 영국 성공회의 선교사들이 가장 중요하게 생각한 것이 신앙의 토착화였기 때문입니다. 성당 건축의 토착화는 내동교회를 건축한 지 9년 후인 1900년에 강화도에 대한제국 최초의 한옥 성당인 강화읍성당을 건축하면서 그 실천의 의지를 보입니다.

한옥형 바실리카 성당, 강화읍성당

조선적인 성당 건축은 어떤 모습일까요? 아무리 생각해도 잘 떠오르지 않습니다. 텔레비전에서 천주교 미사가 드려지는 것을 보면 알

---

156. 남득시 선교사가 한문을 배워 이름을 지었다고 한다. 이후 남득시 선교사는 조선에 온 지 8년 만인 1898년에 장티푸스에 걸려 서른두 살의 나이로 사망하여 인천 외국인 묘지에 안장된다.
157. 처마돌림 돌출 양식

겠지만, 십자가를 든 복사가 먼저 입장을 하고 뒤로 사제가 정문부터 중앙 통로를 통해 성당의 맨 앞인 제대까지 걸어 들어갑니다. 앞뒤의 길이가 어느 정도 길어야 이런 예전을 지킬 수 있습니다. 비록 성공회가 종교개혁으로 태어난 신교이긴 하지만 일반 개신교와 달리 예전은 천주교의 미사와 같은 형식인 삼사싱친례를 드립니다.

그런데 한옥은 앞뒤의 간격이 너무 짧아서 십자가를 들고 들어올 수도 없을 뿐 아니라, 좌우가 길어서 사제가 가자미눈을 뜨지 않는 이상 예전을 집전할 때 신자들을 모두 볼 수 없습니다. 그러다 보니 한옥으로 성당을 짓는다는 것은 절대 쉽지 않은 일입니다.

어쩌면 안성에 있는 천주교 안성성당(구 구포동성당)처럼 서양식과 조선식의 물리적 결합 정도로 성당 건축의 토착화를 이루는 방법만 있을 것 같기도 합니다.

그런데 성공회가 강화읍성당을 건축하면서 택한 토착화 방법은 그리 어려운 것이 아니었습니다. 단순하게 생각하면 성당의 앞뒤 길이를 늘이고 좌우 길이를 좁히면 됩니다. 성공회는 고대 로마의 바실리카 양식과 한옥의 접목합니다. 이러한 건축 과정은 조선에

안성성당(구 구포동성당 정면)

안성성당(구 구포동성당 후면)

강화읍성당 외삼문　　　　　강화읍성당 정면

대한 이해와 배려와 존중 그리고 선교의 토착화 면모를 확인할 수 있습니다.

　첫 번째, 성당의 정문은 솟을대문 형태의 외삼문이며, 외삼문을 들어서면 우리나라 범종이 있는 내삼문이 있습니다. 지금 걸려 있는 종은 1989년 신자들의 모금으로 새로 만든 범종인데, 처음 성당에서 사용하던 종은 1914년 영국에서 가져온 서양식으로 일제강점기 때 태평양전쟁이 발발하면서 방출되었다고 합니다. 사찰이나 궁궐은 남쪽에 문을 두는 것이 법도였으나, 강화읍성당은 서양의 성당이 동쪽을 바라보고 전례를 드리기 때문에 서쪽으로 문을 두었습니다.

　두 번째, 강화읍성당의 터는 성경에 나오는 '노아의 방주' 의미를 담아내고자 배 모양으로 했습니다. 중층의 처마 아래에 '천주성전(天主聖殿)'이라는 편액을 걸어 사찰이나 궁궐의 예를 따랐다 할 수 있습니다.

　세 번째, 강화읍성당의 전체적인 외관은 한옥의 틀을 유지하면서도 정면 4칸과 측면 10칸으로 만들어서 앞뒤의 길이를 길게 하고,

강화읍성당 측면

좌우는 짧게 하여 '감사성찬례'에서 사제가 전례를 행할 수 있는 구
조로 바꾸었습니다. 정면에서 보면 외관은 마치 대들보와 처마가
있는 중층 구조의 한옥으로 보입니다. 하지만 측면에서 보면 직사
각형 모양의 바실리카 형태입니다. 1층은 정면 4칸에 측면 10칸으
로 만들었고, 2층은 정면 2칸에 측면 8칸으로 만들었습니다. 기능
적인 면만을 생각했다면 1층의 단층으로 만드는 것이 적합할 수 있
었지만, 경복궁의 근정전을 복층으로 만들면서 왕의 위엄을 높였듯
이 강화읍성당 또한 복층으로 만들면서 그 위엄을 높였습니다. 강
화읍성당을 조선 성공회 내에서 으뜸가는 곳으로 돋보이게 짓고자
했던 의도를 엿볼 수 있습니다. 강화도에서 성공회 신자가 나날이
많아져서 이후 11개의 성당을 더 짓게 되는데, 이후 짓는 한옥 성당
들은 대부분 1층입니다.

　강화읍성당에 사용된 목재 또한 특별합니다. 당시 강화와 인천
그리고 한양에서는 강화읍성당에 쓸 목재를 구하기 어려웠다고 합
니다. 왜냐하면 1868년 경복궁을 중건하면서 한양 인근에 있는 좋

은 목재들은 모두 써버렸기 때문입니다.

그래서 존 코프 주교(한국 이름: 고요한)는 신의주까지 올라가 백두산 적송을 구해 뗏목으로 강화도까지 날랐다고 합니다. 그리고 측면의 벽은 인천에서 온 중국인이 담장 기단을 쌓아 올립니다. 현재의 강화읍성당에는 좌·우측과 뒷부분에 유일하게 영국에서 온 하늘색 서양식 문 4개가 달려 있는데, 형태뿐 아니라 재료에서도 조선식과 서양식이 조화를 이룹니다. 아무래도 영국 성공회 신자들의 모금으로 지은 성당이다 보니 영국적인 요소를 넣고 싶었던 것 같습니다.

강화읍성당 건축은 조선의 문화를 존중하면서도 전례를 행할 수 있도록 조선식과 서양식의 건축 양식을 오묘하게 융합한 한옥식 바실리카[158] 건축이라 할 수 있습니다. 바실리카는 직사각형 공간을 세로 방향으로 삼등분해서 중앙 공간과 양옆의 측면 공간으로 나누어 사용 효율성을 높입니다. 화려하지 않은 검소함이 특징이라 할 수 있습니다.

건축과 신앙의 토착화

조선에 들어온 성공회는 조선 사람이 일궈낸 인문 사회적 환경

---

158. 초기 로마의 기독교는 바실리카라는 건물에서 예배를 드렸는데, 세로로 길게 늘어진 직사각형 건물로 입구 맞은편에 제단을 만들어 놓았다. 바실리카는 교회 이전에 공공건물로 주로 법정을 일컫는다.

속에서 조화로운 성당 건축의 본을 보였습니다. 그것은 선교라는 것이 신앙을 전하는 것만이 아니라는 것을 보여줍니다. 선교는 신앙을 받아들이고자 하는 이에게 내가 믿는 종교로 바꾸려 하는 것이 아니라 내가 믿는 종교로 그들의 정신적 삶이 조금 더 윤택해지도록 돕는 것입니다.

이런 의미에서 성공회는 '신앙의 토착화'를 선교의 목표로 삼았습니다. 그리고 그 첫 번째 시작으로 성당 건축의 토착화를 이뤄냈습니다. 아주 간단한 생각의 전환으로 한옥식 바실리카 성당을 건축했지요. 이후 조선에 파견된 영국인 주교들은 조선인 사제가 미사를 집전하고, 조선인 신자들이 조선 성공회를 운영할 수 있도록 지속해서 지도합니다. 이에 조선 성공회는 사제와 평신도가 함께 참여하는 교구의회를 1916년 5월부터 시작하는데, 지금까지 매년 1회씩 민주적인 모습으로 진행하고 있습니다.

조선 성공회의 시작은 영국인 선교사들이었으나, 배려와 존중 속에서 스스로 자립할 수 있게 되었습니다. 이제 한국의 성공회는 세계 성공회 속에서 자립된 신앙 공동체로 그 역할을 다하고 있습니다.

아무리 좋은 것이라도 받기 싫은 사람에게 강제로 주는 것이 선물일까요? 선물의 자리에 선교라는 이름으로 들어온 종교의 모습을 생각해 봅니다. '사랑과 구원'이라는 의미가 빛나려면 상대를 향한 배려와 존중이 먼저여야 하지 않을까, 라는 생각을 해봅니다.

걸으며 읽는 👣
역사 이야기

조화와 존중의 대한성공회 서울주교좌성당

서울 시청에서 덕수궁(본래 명칭은 경운궁) 쪽을 바라다보면 오른쪽 옆으로 유럽에나 있을 법한 붉은 기와지붕의 아름다운 성당이 보입니다. 얼마 전까지 일제가 지은 조선총독부 체신국 청사(광복 이후엔 서울 국세청 남대문 별관)가 성당 앞에 있어 그 모습이 보이지 않았었는데, 2015년 서울시가 역사문화특화공간으로 서울 국세청 남대문 별관을 철거하면서 한눈에 들어오게 된 대한성공회 서울주교좌성당(이후 대성당)입니다.

이곳에 대성당을 짓게 된 것은 바로 옆에 영국대사관이 있었기 때문입니다. 지금도 영국대사관과 담장 하나로 나뉘어 있습니다. 1890년 12월 21일 초대 주교 존 코프 신부(한국 이름: 고요한)는 현재 위치에 있던 한옥과 땅을 매입하고, 예수의 탄생을 기념하는 '장림(將臨, 예수그리스도의 강림을 기다림)성당'으로 설립합니다. 그래서 수호성인도 성모 마리아와 성 니콜라[159]입니다.

1920년대 덕수궁 너머의 장림성당
성공회출판사 자료 제공

조선 성공회는 1909년 대성당 주변의 땅을 더 매입하고 1910년 첫 교구 의회에서 주교좌성당을 짓기로 결의합니다. 그러나 실제 시작은 1922년 트롤로프 주교가 영국 버밍햄 교회에서 알고 지내던 아서 딕슨[160]에게 대성당의 설계를 부탁하면서입니다. 영국에 있던 아서 딕슨은 설계와 건축을 위해 조선을 두 번이나 방문할 정도로 열정을 보입니다. 트롤로프

성당을 손으로 들고 있는 트롤로프 주교
동판 아래가 무덤이다.

주교는 성당을 고딕양식으로 짓고자 했었는데, 아서 딕슨은 덕수궁

---

159. 니콜라 성인은 산타클로스의 유래가 된 인물이다.
160. 옥스퍼드 대학에서 건축을 전공했으며, 영국 왕립건축가협회 회원이다.

과의 조화와 건축비 절감을 위해 단순미가 있는 로마네스크 양식으로 만들 것을 추천합니다.

그러나 대성당의 건축은 안타깝게도 자금 문제 등 여러 가지 문제가 발생하여 미완성인 상태로 중단되고 1926년 5월 2일 축성(준공)식을 합니다. 한편 1930년엔 대성당을 건축했던 트롤로프 주교가 영국 출장에서 돌아오던 길에 여객선 충돌 사고로 순직하게 됩니다. 트롤로프 주교는 대성당 지하 소성전에 묻히게 됩니다.

대성당은 이후 조선 성공회의 주교좌성당으로 역할을 다해오다 70년이 지난 선교 100주년을 기념하여 완공하기로 합니다. 그런데 안타깝게도 시간이 너무나도 흘러 아서 딕슨의 설계도를 찾지 못하고, 한국의 건축가 김원에게 건축을 의뢰합니다. 김원은 의뢰를 받은 대로 설계를 하는 한편, 영국의 지인에게 아서 딕슨의 설계도를 찾아달라 부탁을 했지만 찾을 수 없었습니다. 그런데 어느 날 정말 우연히도 한국에 관광을 온 영국 관광객이 자신이 근무하는 런던의 렉싱턴도서관에 아서 딕슨의 설계도가 있음을 알려줍니다. 정말 놀라운 우연이지요. 김원은 애초 현대적 디자인으로 건축을 할 생각이었으나 아서 딕슨의 설계도를 보는 순간 자기 뜻을 접고, 아서 딕슨의 설계도대로 건축을 합니다.

대성당은 큰 틀에서는 십자가 모양의 건물과 화강암 재료 등 로마네스크 양식으로 건축되었지만, 성당 곳곳에 한국적인 요소들을

1920년대 성공회대성당(왼쪽)과 현재의 성공회대성당(오른쪽)
성공회출판사 자료 제공

심어 놓았습니다. 우선 첫 번째 성당의 낮은 지붕들에서 우리 전통 기와를 올려놓았습니다. 그리고 중간 벽에서 반만 나온 지붕들은 옛 정자들에서 주로 볼 수 있는 모임으로 꾸몄습니다. 마지막으로 지붕 아래 돌 장식들 또한 한옥의 처마 모습을 하고 있습니다. 이러 한 대성당 건축은 강화에 지었던 한옥 성당에서 볼 수 있듯이 '신앙 의 토착화'라는 선교 전략이라 할 수 있습니다.

대성당은 우리나라 민주화 운동에서 큰 역할을 감당하기도 합니 다. 1987년 1월 전두환 독재정권 에 맞서다 박종철 열사가 사망하 게 되는데, 이로 인해 국민들의 민주화에 대한 열기가 한껏 오르 게 됩니다.

민주화 열망이 타오르던 6월 9   6월 민주 항쟁 진원지 표지석(서울시 중구)

일엔 연세대학교 학생들의 시위 도중 이한열 열사가 최루탄에 맞습니다. 이후 국민들의 '6월 민주 항쟁'이 일어났는데, 그 첫 시작이 대성당에서의 '범국민대회'였습니다. 이날을 기념하기 위해 대성당 뒤뜰엔 '6월 민주 항쟁' 표지석이 세워졌고, 매년 6월 10일이면 성공회대성당에서 6월 민주 항쟁 기념식을 엽니다.

단행본

강세황, 《표암유고》(김종진 외 옮김), 지식산업사, 2010.

김부식, 《삼국사기(하)》(이병도 옮김), 을유문화사, 1996.

김인덕 외, 《과학문화》, 솔, 2005.

대한성공회 백년사 편찬위원회, 《대한성공회 백년사》, 대한성공회출판부, 1990.

민윤식, 《소파 방정환 평전》, 스타북스, 2014.

안휘준, 《조선시대 산수화 특강》, 사회평론, 2015.

오주석, 《단원 김홍도》, 열화당, 2004.

오진원, 《방정환과 어린이날 선언문》, 현북스, 2018.

유홍준, 《한국미술사 강의 2》, 눌와, 2012.

유홍준, 《화인열전 1》, 역사비평사, 2001.

유홍준, 《화인열전 2》, 역사비평사, 2001.

이병호, 《백제 왕도 익산, 그 미완의 꿈》, 책과함께, 2019.

이석우, 《겸재 정선, 붓으로 조선을 그리다》, 북촌, 2016.

이윤희, 《퇴계가 우리에게》, 예문서원, 2010.

이이화, 《이이화의 인물한국사 3》, 주니어김영사, 2011.

이이화, 《허균의 생각》, 교유서가, 2015.

이태진, 《고종시대의 재조명》, 태학사, 2015.

이희주, 《명성황후 평전》, 신서원, 2020.

일연, 《삼국유사》(이민수 옮김), 을유문화사, 2013.

임석재, 《서양건축사》, 북하우스, 2011.

장정룡, 《허난설헌 평전》, 새문사, 2007.

전상운, 《우리 과학 문화재 한길에 서서》, 사이언스북스, 2016.

정창권, 《홀로 벼슬하며 그대를 생각하노라》, 사계절, 2003.

조남호, 《이황&이이: 조선의 정신을 세우다》, 김영사, 2013.

최경철, 《유럽의 시간을 걷다》, 웨일북, 2016.

최완수, 《겸재를 따라가는 금강산 여행》, 대원사, 1999.

최완수, 《겸재의 한양 진경》, 현암사, 2018.

최완수 외, 《우리문화의 황금기 진경시대 2》, 돌베개, 1998.

한국미술사학회, 《표암 강세황: 조선 후기 문화가의 표상》, 경인문화사, 2013.

한영우, 《율곡 이이 평전》, 민음사, 2013.

함규진 · 이병서, 《오리 이원익 그는 누구인가》, 녹우재, 2013.

허난설헌, 《한국의 한시 10: 허난설헌 시선》(허경진 옮김), 평민사, 2019.

혜경궁 홍씨, 《한중록》(정병설 옮김), 문학동네, 2010.

논문

강관식, 2006, 〈겸재 정선의 천문학 겸교수 출사와 〈금강전도〉의 천문역학적 해석〉, 미술사
　　학, 27권.

강종원, 2016, 〈백제 무왕대의 정국변화와 미륵사 조영〉, 백제문화, 54권.

김영수, 2009, 〈을미사변 그 하루의 기록〉, 이화사학연구, 39권.

김인옥, 2020, 〈방정환의 아동관과 문학관〉, 한국문예비평연구, 65권.

김자람, 2013, 〈김명국 회화 후대의 시각〉, 고려대학교 대학원.

김종필, 2011, 〈허균과 허난설헌의 유선시 비교연구〉, 연세대학교 대학원.

도연, 2017, 〈허난설헌과 서찬의 한시 비교탐구〉, 중앙대학교 대학원.

박현순, 2013, 〈정조대 과거제 운영의 정비〉, 서울대학교 규장각한국학연구원.

방유미, 2000, 〈정조의 왕권중심 정치와 사회 경제 개혁〉, 연세대학교 교육대학원.

엄소연, 2015, 〈'우정의 내러티브'로서의 정선의 《경교명승첩》〉, 예술과 미디어, 14권 1호.

엄연석, 2015, 〈유학사상에 근거한 이원익의 유가적 리더십 재조명〉, 유교사상연구, 61호.

오항녕, 2017, 〈시대의 기둥을 잡다 오리 이원익〉, 인물과사상사, 제228호.

우준호, 2017, 〈군신유의 의미에 대한 연구〉, 중국학연구회, 82권.

원종찬, 2018, 〈방정환 담론 변천사〉, 아동청소년문학연구, 23권.

이경화, 2017, 〈관모를 쓴 야인: 강세황의 70세 자화상과 자기인식의 표현〉, 미술사와 시각문

화, 20권.

이욱근, 2018, 〈선조대 이원익의 백성관과 정치관 연구〉, 동양고전연구, 72권.

이정철, 2012, 〈이이의 경세론의 성립과 그 정치적 배경〉, 사총, 75권.

이태진, 2009, 〈고종황제 독살과 일본정부 수뇌부〉, 역사학보, 204권.

정일남 · 최경옥, 2019, 〈박제가와 포송령의 벽치관〉, 동방한문학, 80권.

조규희, 2017, 〈정선의 금강산 그림과 그림 같은 시〉, 한국한문학연구, 66권.

주보돈, 2012, 〈미륵사지 출토 사리봉안기와 백제의 왕비〉, 백제학보, 7권.

채지원, 2018, 〈17세기 통신사 수행화원의 선종화 연구〉, 덕성여자대학교 대학원.

최영성, 2018, 〈퇴계 이황과 율곡 이이 두 번의 만남〉, 퇴계학논집, 23권.

언론

KBS, 한국사전, 〈왜 조선에서 여자로 태어났을까, 허난설헌〉, 2020.8.21.

김남근, 〈붕당정치는 과거와 현재의 대화다〉, 《이슈메이커》, 2014.5.23.

노조석, 〈18세기 후반 광통교는 조선 최대 그림 매매 시장〉, 《서울앤》, 2018.12.6.

박정혜, 〈70세 넘은 관직 1품 名臣에 궤장 하사… 국정경험 예우하는 '경로잔치'〉, 《문화일보》,
    2022.4.22.

기타

국사편찬위원회, 조선왕조실록

국립고궁박물관
87p(왼쪽), 95p(왼쪽)

국립민속박물관
64p(오른쪽)

국립익산박물관
27p

국립중앙과학관
93p

국립중앙박물관
49p, 95p(오른쪽), 96p(왼쪽), 118p(오른쪽), 125p(왼쪽, 가운데), 126p, 128p, 134p, 145p,
146p(아랫쪽), 147p(위쪽), 148p, 152p(이원익 선생 영정), 168p, 176p, 178p, 184p, 220p, 226p,
232p, 238p, 244p, 249p, 252p, 258p

국립한글박물관
101p, 102p, 103p, 207p

국사편찬위원회
202p

문화재청
23p(왼쪽), 50p, 65p(왼쪽), 76p, 109p, 125p(오른쪽), 141p, 152p(이원익 종택), 194p(위쪽), 262p

미국 로스엔젤레스 카운티미술관
240p

서울대규장각한국학연구원
87p(오른쪽)

서울역사박물관
68p, 80p

성공회출판사
269p, 276p(위쪽), 278p(위쪽)

수원문화재단
185p

위키미디어
104p(이황, 이이), 199p

한국데이터베이스산업진흥원
23p(오른쪽), 130p, 137p, 139p, 261p

한국학중앙연구원
113p, 115p

· 이 책에 수록된 사진은 해당 사진을 보유하고 있는 단체와 저작권자의 허락을 받아 게재했습
  니다. 미처 허락받지 못한 사진은 저작권자를 찾는 대로 사용 허락을 받겠습니다.
· 그 외 이 책에 수록된 사진은 저자(이연민)가 직접 찍은 사진입니다.